Brigitte Buhlmann & Ingelore Thara

Kleines Lexikon der Persönlichkeiten der Stadt Bad Langensalza und von Ufhoven

Verlag Rockstuhl

Eine Projektarbeit des URANIA Kultur- und Bildungsvereins Gotha e.V., gefördert mit den Mitteln des Arbeitsamtes Bad Langensalza und durch Unterstützung der Stadt Bad Langensalza.

Impressum
Herausgeber: Harald Rockstuhl, Bad Langensalza
in Zusammenarbeit mit URANIA Kultur- und Bildungsverein Gotha e. V.,
Zweigstelle Bad Langensalza

Umschlaggestaltung: Harald Rockstuhl, Bad Langensalza.
Das Gemälde auf dem Umschlag zeigt
Klopstocks „Fanny“ - Marie Sophie Streiber (1731 - 1799), geb. Schmidt,
Ölgemälde, Kopie, o. J. nicht signiert, Künstler unbekannt,
Sammlung des Heimatmuseums Bad Langensalza, Inv.- Nr. III 427 K

Projektarbeit des URANIA Kultur- und Bildungsvereins Gotha e.V. 2000/2001
Betreut von Harald Rockstuhl, Bad Langensalza

Satz und Repro: Verlag Rockstuhl, Bad Langensalza
Die Fotos stammen aus dem Stadtarchiv und dem
Heimatmuseum Bad Langensalza. Die Quellen werden im Text genannt.

2. überarbeitete Auflage 2001

ISBN 3-934748-60-0

Verlag Rockstuhl
Lange Brüdergasse 12
99947 Bad Langensalza
Telefon: 0 36 03 / 81 22 46   Telefax: 0 360 3 / 81 22 47

Internet - http:// www.verlag-rockstuhl.de

Vorwort

Am 20. August 1999 eröffnete der URANIA Kultur- und Bildungsverein Gotha e. V. die Zweigstelle der URANIA in Bad Langensalza.
Unser Verein bemüht sich, das kulturelle Leben der Stadt Bad Langensalza zu bereichern. Durch vielfältige Veranstaltungen, öffentlich wirksame Umsetzung der Projektarbeiten, Bildungsfahrten und die Tätigkeit in den Arbeitskreisen konnten wir auch das Interesse der Bevölkerung für unseren Verein URANIA gewinnen. Dabei unterstützten uns das Arbeitsamt, die Stadtverwaltung, das Stadtarchiv und andere kulturelle Einrichtungen von Bad Langensalza.
Wir freuen uns, Ihnen mit diesem Lexikon ein Nachschlagewerk über bekannte oder weniger bekannte Persönlichkeiten von Bad Langensalza vorstellen zu können, die mit der Geschichte der Stadt eng verbunden sind oder deren Lebenswerk damit gewürdigt werden soll.
Wir wünschen Ihnen viel Freude beim Lesen des Buches. Seien Sie gespannt auf die Persönlichkeiten, mit denen Sie sich erstmals näher vertraut machen können.

L. Hofmann

Lothar Hofmann
Vorsitzender des URANIA Kultur-
und Bildungsvereins Gotha e. V.

Christian Wilhelm Bechstedt (1787 - 1867)
Er schrieb das Buch: „Meine Handwerksburschenzeit 1805 - 1810“

Einleitung

Die Stadt Bad Langensalza verfügt durch die gut erhaltene mittelalterliche Stadtbefestigung und die historische Altstadt über ein besonderes Ambiente. Seit dem Jahre 1212 hat sie das Stadtrecht und kann auf eine reichhaltige Geschichte verweisen. Hier lebten und wirkten bedeutende Persönlichkeiten, die als Ärzte, Naturwissenschaftler, Chronisten, Maler, Musiker, Dichter, Schriftsteller, Architekten, Bildhauer und Kunsthandwerker hervorragende oder originelle Leistungen erbrachten.
Drei historische Persönlichkeiten sind beim Ertönen des Glockenspiels am Rathaus zu sehen: Hermann von Salza, Christoph Wilhelm Hufeland und Friedrich Gottlieb Klopstock. Was verbindet diese Personen mit Langensalza?
Die Einheimischen werden es wissen, die anderen können es erfahren.

Bei unserer Arbeit legten wir Wert darauf, auch solche Persönlichkeiten im Lexikon vorzustellen, die bisher in der Öffentlichkeit nicht so bekannt waren. Wir wählten dabei einen Zeitraum vom 12. bis zum 20. Jahrhundert. In Bad Langensalza gab und gibt es viele interessante Menschen, echte Originale, über die man staunen und auch schmunzeln kann.
Der Bäcker und Literat Christian Wilhelm Bechstedt ging Anfang des 19. Jahrhunderts auf Wanderschaft. In seinem Buch „Meine Handwerksburschenzeit von 1805-1810" berichtet er unterhaltsam von seinen Erlebnissen und Erfahrungen, die er während dieser Zeit gemacht hat.
Auf die wenigen, aber bedeutsamen Frauen wollen wir aufmerksam machen. Prinzessin Friederike von Sachsen-Gotha-Altenburg, eine Tochter des Herzogs Friedrich II. und Gemahlin des Herzogs Johann Adolf II. von Sachsen-Weißenfels kam 1746 als Herzoginwitwe nach Langensalza. Sie ließ von 1749-1751 das Sommerpalais mit Park errichten. Das Friederikenschlösschen ist heute Haus des Gastes und Veranstaltungszentrum.
Johanna Dorothea Graeser, geborene Ziegler, war eine mutige und durchsetzungsfähige Frau. Man kann sie als erste Unternehmerin Langensalzas bezeichnen.
Marie Sophie Schmidt hinterließ als "Klopstocks Fanny" einen unvergeßlichen Eindruck.
Die hier erwähnten Persönlichkeiten stellen nur einen kleinen Ausschnitt unseres Buches dar.
Das Stadtarchiv Bad Langensalza war uns eine große Hilfe bei den Recherchearbeiten. Wie in einer Schatztruhe konnte man dort nach Verborgenem graben. Dafür bedanken wir uns ganz besonders bei Frau Karin Henning und Herrn Matthias Mergner. Weiterhin möchten wir uns bedanken bei Herrn Pfarrer Uhlig für die Hilfe im Kirchenarchiv, Frau Sabine Tominski vom Heimatmuseum, Bärbel Technow für die Fotoarbeiten, Jürgen Güntsch, Rosemarie Thomas, Christina Pecher, Evelyn Müller, Frank Störzner und Evelyn Holzbrecher für die gegebenen Hinweise.
Da dieses Buch weitergeführt werden soll, bitten wir Sie, Ergänzungen an den Verlag Rockstuhl zu geben.

Wir wünschen Ihnen viel Spaß beim Lesen und bei der Spurensuche nach den Persönlichkeiten von Bad Langensalza.

Bad Langensalza im Februar 2001 *Brigitte Buhlmann* *Ingelore Thara*

Aurbach, Johann Georg
Bürgermeister
geboren 1617
gestorben 1696
Er war der älteste Sohn von Johann Aurbach. 1648 trat er nach vollendetem Rechtsstudium als Stadt- und Gerichtsschreiber in den Dienst seiner Vaterstadt, war Kämmerer und Bürgermeister von Langensalza. Johann Georg Aurbach war der Erbauer des Hauses Herrenstraße 3, das erste ansehnliche Bürgerhaus, welches nach dem 30-jährigen Krieg erbaut wurde und das Familienwappen mit der Jahreszahl 1678 trug.
(Quelle: Stadtarchiv, Persönlichkeiten; Kirchenarchiv)

Ausfeld, Georg Gottlob
Professor der Theologie
geboren am 23.02.1740 in Ufhoven
gestorben am 02.12.1782 in Jena
Die Familie Ausfeld erscheint zuerst um 1400 in Langensalza.
Georg Gottlob Ausfeld wurde als Sohn des Ufhover Landwirts Joh. Georg Ausfeld geboren. Besuch der Lateinschule in Langensalza, befreundete sich dort mit seinem Mitschüler Salzmann, dem späteren Gründer der Erziehungsanstalt in Schnepfenthal, studierte mit ihm in Jena Theologie, später in Göttingen. Sein Abgangszeugnis in Göttingen rühmte seine Sittenreinheit, seinen Fleiß, seine Sprachkenntnis, Predigt und Katechese (Religionsunterricht). In Leipzig promovierte er zum Magister der Theologie mit der Dissertation „De leberali sacrarum litherarum studio hodie praecique necessario“ (über das freie und heute besonders notwendige Studium heiliger Schriften). Georg Gottlob Ausfeld fand vor allem in dem wissenschaftlichen Verarbeiten fremden Gedankengutes seine Lebensaufgabe. Im 18. Jh. war er als Professor der Theologie ein sehr bekannter und anerkannter Pädagoge, Pastor in Großwelsbach, dann Diakonus in Langensalza.
(Quelle: Stadtarchiv, Rosendorf Ufhoven, 2. Band von Paul Hesse; Persönlichkeiten)

Ausfeld, Johann Wilhelm
Lehrer, Erzieher
geboren am 01.02.1776 in Langensalza
gestorben am 29.01.1853 in Schnepfenthal
Johann Wilhelm war der älteste Sohn des Jenaer Professors der Theologie Georg Gottlob Ausfeld.
Nach dem Tode des Vaters im Dezember 1782 nahm dessen Freund, der bekannte Pädagoge Salzmann, den siebenjährigen Johann Wilhelm an Kindesstatt zu sich und sorgte für seine weitere Erziehung. Er war Zögling Nr. 2 an der humanistischen Erziehungsanstalt in Schnepfenthal. 1795 wurde er dort Lehrer und Erzieher. Am 01.06.1800 heiratete er Salzmanns vierte Tochter Franziska, sie bekamen 8 Kinder. Über 55 Jahre wirkte Johann Wilhelm Ausfeld erfolgreich als Lehrer und Mitarbeiter an der Anstalt. Er veröffentlichte auch Publikationen wie die Zeitschrift „Kinderfreund,“ die „Reisen der Schnepfenthaler Zöglinge“ oder

„Erinnerungen aus dem Leben Christian Gotthilf Salzmanns". Anlässlich seines 50-jährigen Berufsjubiläums 1845 wurde er vom Herzog von Sachsen-Coburg-Gotha geehrt.
(Quelle: Stadtarchiv, Heimatbrief Nr. 31; Erinnerungen aus dem Leben Christian Gotthilf Salzmanns von Johann Wilhelm Ausfeld und der ältesten Tochter Salzmanns, Forschungsbibliothek Gotha)

Baldinger, Ernst Gottfried Dr.
Militärarzt, 1. Professor der Medizin an der Universität Marburg
geboren am 13.05.1738 in Großvargula
gestorben am 21.01.1804 in Marburg
Besuch des Gymnasium in Gotha und Langensalza; nach Abschluß der Schule Ausbildung beim Apotheker Seebach in Langensalza; Studium der Theologie an der Erfurter Universität und zwei Jahre später in Halle; danach Studium der Philosophie und der Arzneiwissenschaften in Jena. 1760 Erwerb des medizinischen Doktorgrades. 1761 Militärarzt in preußischem Dienst. 1762 Beendigung des Studiums der Philosophie in Wittenberg. In diesem Zusammenhang verteidigte er im Rahmen seiner Dissertation Martin Luthers Kathedra. In Wittenberg fand Ernst Gottfried Baldinger Anschluss an Größen der Geisteswissenschaften, und so begann er sein Werk „Von den Krankheiten einer Armee aus eigenen Wahrnehmungen". Niederlassung 1763 als Arzt in Langensalza. Bekannt geworden durch seine praktische Tätigkeit und durch seine schriftstellerischen Leistungen, besonders durch seine Schrift: „De militum morbis", deutsch: „Von der Krankheit einer Armee". War Herausgeber verschiedener Zeitschriften, z. B. „Magazin für Ärzte" und „Medizinisches Journal". Neben einer großen Zahl von Gelegenheitsschriften verschiedenen Inhalts hat er auch kritische Untersuchungen zur älteren Medizin veröffentlicht, so z. B. in Jena 1768 „De lection Hippocratis medicis summe necessaria". 1768 Berufung an die Universität nach Jena. Gab dort Lesungen nach den Schriften des Hippokrates. 1773 Lehrtätigkeit an der Universität Göttingen und wurde dort, neben seiner Professur, Direktor der Klinik und später Rektor der Universität Göttingen. In Marburg entstanden 1786 unter seiner Leitung ein Institut zur Ausbildung von Hebammen, ein Institut für Anatomie der Tiermedizin und mehrere chemische Laboratorien.
(Quelle: Stadtarchiv, Personen- und Familiengeschichte, Langensalzaer Heimatbrief 1979)

Bechstedt, Christian Wilhelm
Bäcker und Literat
geboren am 04.09.1787 in Langensalza
gestorben am 05.07.1867 in Langensalza
Sohn des Weißbäckers Georg Heinrich Bechstedt und dessen Ehefrau Christine Marie, geb. Scholl. Nach der Schulzeit 1803 erlernte er den Beruf des Bäckers im Geschäft der Mutter, denn der Vater war bereits im Dezember 1800 gestorben. Von 1805 bis 1810 begab er sich als Geselle auf Wanderschaft, suchte und fand Arbeit bei etlichen Meistern. Nach seiner Rückkehr übernahm er 1810 die Bäckerei der Mutter. Am 29.03.1818 heiratete er Friederike Marie Laun. Sie hatten

zusammen neun Kinder. Im April 1859 entschloss sich Christian Wilhelm Bechstedt im Alter von 72 Jahren, die Geschichte seiner Entwicklungs- und Wanderjahre für Kinder und Enkel aufzuschreiben. Als Verfasser des Buches „Meine Handwerksburschenzeit 1805-1810“ ist er in die deutsche Geschichte eingegangen. Dieses Werk wurde 1925 von seinem Enkel, dem Kölner Verlagsbuchhändler Richard Bechstedt, verlegt. Der besondere Wert dieser Schrift liegt in der Vermittlung eines klaren Einblickes in die Lebens- und Wirtschaftsverhältnisse des beginnenden 19. Jahrhunderts.
Am Montag vor Pfingsten 1805, vormittags neun Uhr, begann seine Wanderschaft. Sein Weg führte ihn über Greußen nach Sondershausen, über Stollberg, Gütersbergen, Quedlinburg, Egeln nach Magdeburg. Ganz Deutschland durchquerte er. Er ging zu Fuß, übernachtete in Herbergen, arbeitete bei vielen Meistern und hatte oft Heimweh. Dabei bestand er so manches Liebesabenteuer. Eine schöne Frau Meisterin konnte aber auch gar zu gut küssen! Wilhelm wollte nicht in Bedrängnis geraten und zog weiter. In Marburg lernte er sogar bei einem Studenten Französisch. Sein Meister wollte jedoch nicht nur Brot backen, sondern auch Bier brauen. Das gefiel ihm gar nicht. So nahm er wieder Abschied. Christian Wilhelm Bechstedt kehrte nach fünf Jahren Wanderschaft in seine Heimatstadt zurück, wo er glücklich und zufrieden als Bäckermeister wirkte.
1991 erschien die unveränderte Ausgabe seines Buches im Aufbau Taschenbuch Verlag Berlin.
(Quelle: Stadtarchiv, Personengeschichte Nr. 8, Archivbücherei F 544, Heimatbrief Nr. 47)

Bechstedt, Rudolf
Unteroffizier
geboren am 26.06.1840 in Langensalza
gestorben am 27.06.1866 in Langensalza
Rudolf war der jüngste Sohn von neun Kindern der Familie Bechstedt. Er ist in die thüringische Geschichte und auch in die Geschichte des blutigen Bruderkampfes vom 27.06.1866 bei Langensalza eingegangen. Bis zu seinem Tode diente er als Unteroffizier im Ersatzbatallion des 3. Thüringer Infanterieregimentes Nr. 71. Während der Schlacht zwischen Preußen und Hannover am 27.06.1866 bei Langensalza kämpfte er auf preußischer Seite. Auf der Höhe des Erbsberges bekam Bechstedt einen Kopfschuß. Auf dem Verbandplatz am nahegelegenen Riedsgraben konnte nur noch sein Tod festgestellt werden.
Auf diesem Verbandplatz ließ seine Verlobte Luise Fischer für ihn ein Denkmal errichten, was allerdings nicht mehr vorhanden ist. Sein Grabstein befindet sich zur Zeit im Heimatmuseum.
(Quelle: Stadtarchiv, Persönlichkeiten Nr. 8)

Bechstedt, Rudolf Albert
Heimatdichter
geboren am 19.02.1865 in Langensalza
gestorben am 02.07.1946 in Langensalza
Als Sohn von Robert Bechstedt geboren. Er hatte den Wunsch, Kaufmann zu werden. Dreieinhalb Jahre studierte er an der höheren Handelsschule in Erfurt, die er mit dem Reifezeugnis abschloss und trat im Frühjahr 1882 für ein Jahr in den Militärdienst ein. Später war er Handlungsgehilfe in seiner Lehrfirma. Rudolf arbeitete in verschiedenen Tabakfirmen in Gießen, Leipzig und Mannheim. Dort war er auch 1894 in der Maschinenfabrik von Heinrich Lanz und in der Destillations- und Mineralwasseranstalt von A. Ehlay tätig. Im Oktober 1906 zog er nach Bremen, wo er ein Kolonialwarengeschäft betrieb, welches er nach dem Tod seiner Frau gegen Ende des Jahres 1909 aufgab. Später nahm er eine Stellung als Buchhalter in der Kohlenfirma der Gebrüder Bouven an. Im Oktober 1932 kehrte er nach Langensalza zurück. Rudolf schrieb Gedichte, kleine Erzählungen über Langensalza und dessen Sehenswürdigkeiten, denen er ein Denkmal setzte, so z. B. die Gedichte „Spittellinde", „Spittelbrücke", „Ufhover Linde", „Die Fixe Ideen" und die „Ehrung Hermann Gutbiers 1937". Von besonderem literarischen Wert ist sein zum Nachdenken anregendes Stück „Die ewige Braut“, in dem er die menschliche Beziehung zweier Liebender gestaltete. Ebenso unvergessen bleiben die Bäckersfrau „Frieda Rutsch“ und die Thamsbrücker Botenfrau „Karline Schulz“.
(Quelle: Stadtarchiv, Personengeschichte; Kirchenarchiv)

Beltz, Julius
Unternehmer
geboren am 15.04.1819
gestorben am 14.07.1892
Er gründete 1841 in Langensalza eine Buchdruckerei, die schon bald auch verlegerische Aufgaben übernahm. Es entstand eine Fibel für Abc-Schützen, die dort auch gedruckt wurde. 1848 Herausgabe der Zeitung „Freiheit", die allerdings nach einem Jahr als zu „demokratisch" verboten wurde. Julius Beltz (1880-1965), der Enkel des Gründers, übernahm 1903 die Firma. Er firmierte 1908 als „Pädagogischer Verlag und Hofbuchdrucker". Mit der Herausgabe der Zeitschrift „Die Volksschule" entwickelte sich das Unternehmen zu einem führenden Schulbuch- und Fachverlag für Pädagogik. Der Verlag Julius Beltz wurde zu einem Sammelpunkt junger Autoren mit neuen pädagogischen Gedanken. Einige Werke: „Die methodischen Strömungen", ein mehrbändiges Sammelwerk, „Beltz-Bogen-Lesebuch", pädagogische Rundfunkzeitung „Deutsche Welle", „Handbuch der Pädagogik", ein fünfbändiges Sammelwerk, das 1933 vollständig vorlag.
(Quelle: Stadtarchiv, Heimatbriefe Nr. 16)

Beltz, Oskar
Unternehmer
geboren 1839
gestorben 1894
Er richtete 1872 eine Tüten- und Papierwarenfabrik ein. Oskar Beltz war Leiter des hiesigen Gewerbevereins. Er führte ebenfalls einen Kursus zur Erlernung der Buchführung ein. Sein ältester Sohn Oskar, geb. 1868, war Geschäftsnachfolger. Der jüngere, geb. 1869, studierte Medizin und ließ sich in Steinbach-Hallenberg als Arzt nieder.
(Quelle: Stadtarchiv, Langensalzaer Allgemeiner Anzeiger vom 08.06.1932)

Beltz, Robert
Branddirektor, erster Hochradfahrer
geboren am 14.01.1859 in Langensalza
gestorben am 30.05.1937 in Langensalza

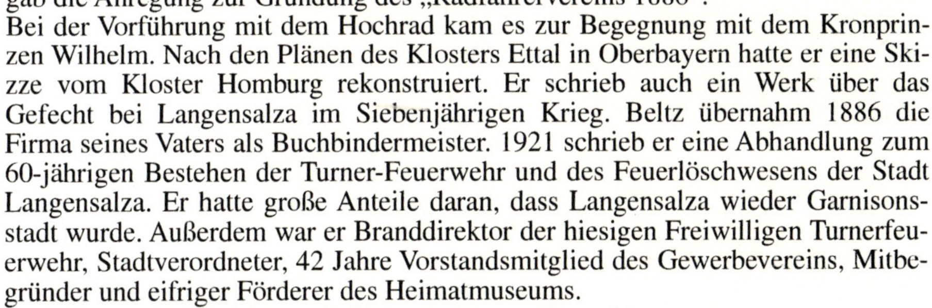

Sohn des Buchbindermeisters Hermann Beltz. Er war der erste Hochradfahrer und gab die Anregung zur Gründung des „Radfahrervereins 1886".
Bei der Vorführung mit dem Hochrad kam es zur Begegnung mit dem Kronprinzen Wilhelm. Nach den Plänen des Klosters Ettal in Oberbayern hatte er eine Skizze vom Kloster Homburg rekonstruiert. Er schrieb auch ein Werk über das Gefecht bei Langensalza im Siebenjährigen Krieg. Beltz übernahm 1886 die Firma seines Vaters als Buchbindermeister. 1921 schrieb er eine Abhandlung zum 60-jährigen Bestehen der Turner-Feuerwehr und des Feuerlöschwesens der Stadt Langensalza. Er hatte große Anteile daran, dass Langensalza wieder Garnisonsstadt wurde. Außerdem war er Branddirektor der hiesigen Freiwilligen Turnerfeuerwehr, Stadtverordneter, 42 Jahre Vorstandsmitglied des Gewerbevereins, Mitbegründer und eifriger Förderer des Heimatmuseums.
(Quelle: Stadtarchiv, Persönlichkeiten; Jürgen Güntsch)

Berger, Anna
Rosenzüchterin
geboren am 23.10.1904 in Wien
gestorben am 01.11.1990 in Bad Langensalza
Die gebürtige Wienerin studierte nach Beendigung der Schulzeit an der Handelsakademie in Aussig. Dort lernte sie Walter Berger kennen, den sie 1924 heiratete. Sie bekamen zwei Söhne. Seit der Heirat war sie als Assistentin ihres Mannes tätig, machte die Buchführung und half bei der Rosenzüchtung. 1942 zog sie mit ihrer Familie nach Ufhoven, da Walter Berger die Gärtnerei von Lebrecht Rödiger in Ufhoven übernommen hatte. Während des Krieges leitete sie den Betrieb. Auch danach stand sie ihrem Mann hilfreich zur Seite, erfolgreiche Jahre zeugen davon. Nach dem Tode ihres Mannes 1960 trat sie der GPG Bad Langensalza bei und setzte das Lebenswerk ihres Mannes fort. Sie übernahm den Bereich

Züchtung. Durch ihren hohen persönlichen Einsatz, Ausdauer und Beharrlichkeit fanden die Züchtungsergebnisse große Beachtung im In- und Ausland. Sie bekam 1967 den Ehrentitel „Verdienter Züchter".
Anlässlich ihres 70. Geburtstages erhielt sie von der Ingenieurschule für Gartenbau Erfurt die Berufsbezeichnung „Gartenbauingenieur". 1973 präsentierte Anna Berger zur 100. Rundfunksendung von „Alte Liebe rostet nicht" in Zwickau eine Teehybride in leuchtendem Rot mit dem Namen „Alte Liebe". Der Textautor und Komponist August Otto Rothe widmete Anna Berger zu Ehren ein Lied über die Rose, es heißt „Alte Liebe". 1977 gab sie die Leitung des Bereichs Züchtung aus Altersgründen ab.
Würdigung: Sonderausstellung im Heimatmuseum 1995, Ausstellung im Rosenmuseum.
(Quelle: Berger, Hans, Dr., Rosen aus Bad Langensalza - Rosenanbau und Rosenzüchtung)

Berger, Walter
Rosenzüchter
geboren am 17.09.1899 in Aussig/Elbe
gestorben am 22.10.1960 in Bad Langensalza
Der Sohn des Gärtnereibesitzers Adolf Berger, der ein erfolgreicher Rosenzüchter war, erlernte nach dem Schulabschluss im väterlichen Betrieb den Beruf des Gärtners. Bis zum I. Weltkrieg arbeitete er dort und erwarb dabei umfangreiche Kenntnisse über die Rosenzucht. 1924 heiratete er Anna Dolezal, eine gebürtige Wienerin, die in Aussig an der Handelsakademie studiert hatte. 1926 übernahm er nach dem Tode seines Vaters die Gärtnerei. Er widmete sich zunächst mit Erfolg der Züchtungsarbeit. 1941 erschien die Rose „Dr. Heinrich Lumpe" von Walter Berger. Nach dem Tod seines Schwagers Lebrecht Rödiger aus Ufhoven kam er mit seiner Familie 1942 hierher und übernahm dessen Gärtnerei. In den letzten Kriegsjahren wurde er als Soldat einberufen. 1946 kehrte er aus der Gefangenschaft zurück und arbeitete neben Nahrungsmittel- und Tabakanbau an Neuzüchtungen. 1954 kamen die Sorten „Bad Langensalza" und „Zigeunerbaron" in den Handel, 1958 „Wiener Blut". Seine Züchtung „Professor Knöll", nach dem Arzt und Bakteriologen aus Jena benannt, erhielt 1965 den Preis der Stadt Rom. „Bergers Rose iga Erfurt" und „Professor Knöll" waren Motive einer Sonderbriefmarkenserie, die anlässlich der internationalen Rosenschau 1972 auf der „iga - Erfurt"

erschien. Seit dem 17.07.1999 sind sie im Rosenmuseum von Bad Langensalza zu sehen. Walter Berger starb 1960 an den Folgen eines Herzschlages. Seine Arbeit setzten Ehefrau Anni Berger und Sohn Hermann Berger fort.
Würdigung: Sonderausstellung im Heimatmuseum 1995, Ausstellung im Rosenmuseum.
(Quelle: Berger, Hans, Dr., Rosen aus Bad Langensalza - Rosenanbau und Rosenzüchtung; Langensalzaer Heimatbote vom 23.12.1999, Nr. 24)

Berlepsch, August Baron von
Bienenzüchter, Autor
geboren am 28.06.1815 auf Burg Seebach bei Langensalza
gestorben am 17.09.1877 in München
„Vor allem lernt Theorie, sonst bleibt ihr praktische Stümper euer Leben lang."
(August Baron von Berlepsch)
August von Berlepsch, der bekannte „Bienenonkel" der Familie, studierte in Greifswald und München Theologie. Seit seiner Kindheit interessierte er sich besonders für die Bienen. 1841 übernahm Berlepsch das väterliche Gut und widmete sich mit Vorliebe der Bienenzucht. Die großen Obstplantagen auf dem Gut Seebach ermöglichten ihm eine umfangreiche Bienenzucht. August von Berlepsch erfand die bewegliche Wabe und ist mit Dzierson der eigentliche Begründer der modernen Bienenzucht. Er ist der Autor des Buches „Die Biene und die Bienenzucht in honigarmen Gegenden nach dem gegenwärtigen Standpunkt der Theorie und Praxis", erschienen 1860 in Mühlhausen im Verlag der Friedrich Heinrichshofenschen Buchhandlung. Berlepsch zog 1858 nach Gotha. Während eines Gefängnisaufenthaltes in Langensalza hatte er das Buch geschrieben. Eine Widmung des Verfassers erinnert an Georg Kleine, protestantischer Pfarrer zu Lüethorst bei Eimbeck in Hannover, ein bedeutender Imker der damaligen Zeit. Das Vorwort des Buches hat August von Berlepsch am Pfingstmorgen 1860 in Gotha geschrieben. In einer Inschrift, verfasst in Gotha am 31.07.1860, teilt er mit: „Als ich in Langensalza, wahrhaft hornochsendumm verfolgt, 365 Tage u. 5 Stunden gefangen saß, hat die dortige Bürgerschaft, indem auch fortwährend mir ganz unbekannte Personen durch den Gefängniswärter grüßen ließen, einen so gesunden Sinn betätigt, daß ich mich im Herzen

verpflichtet fühle, der Magistratsbibliothek durch Vermittlung des hochehrbaren Bürgermeisters C. Cramer, 1 Exemplar desjenigen Werkes dankbar anzubieten, das ich in jenen Tagen des Unglücks schrieb. Wohl ergehe es der Stadt Langensalza und ihren Bürgern!“ Dieses Buch befindet sich in der Archivbücherei des Stadtarchivs Bad Langensalza. August Freiherr von Berlepsch war eine der hervorragendsten Imkerpersönlichkeiten des vorigen Jahrhunderts.
(Quelle: Stadtarchiv, Archivbücherei G 104, August Baron von Berlepsch, Die Biene und die Bienenzucht in honigarmen Gegenden nach dem gegenwärtigen Standpunkt der Theorie und Praxis; Stadtarchiv, P 196; Langensalzaer Tageblatt vom 29.06.1918; Staatliche Vogelschutzwarte Seebach, Thüringens Bienenbaron.)

Berlepsch, Erich Volkmar von
Oberhauptmann von Thüringen
geboren am 06.01.1525 in Langensalza
gestorben am 26.08.1589 in Urleben
Der Sohn des Amtmanns Sittich von Berlepsch und Felicitas von Koller wurde auf Schloss Dryburg zu Salza in eine bewegte und aufregende Zeit hineingeboren. Während des Bauernaufstandes im Frühling 1525 geriet der kleine Knabe ernsthaft in Lebensgefahr. Aufständische Menschen, die das Schloss erstürmten, wollten das Baby zum Fenster hinausschmeißen. Jedoch warf sich die Amme dazwischen, gab das Kind als das ihrige aus und bat um Schonung. So konnte sein junges Leben gerettet werden. Erich Volkmar kam im Alter von 6 Jahren an den Hof des Grafen von Henneberg nach Schleusingen und wurde dort erzogen. Mit 14 Jahren begann er an der Universität in Marburg ein 4-jähriges Studium, welches er für 5 Jahre an der Leipziger Hochschule fortsetzte. 1548 erweiterte der junge Mann seine Kenntnisse auf Reisen ins Ausland, die ihn nach Italien, Frankreich, Spanien und England führten. 1550 trat er als Rat in die Dienste des Herzogs Moritz von Sachsen. 1554 wurde er Assessor des Kaiserlichen Kammergerichts zu Speyer. Der Kurfürst August von Sachsen veranlasste 1561 seine Berufung zum Amtmann von Salza. Er war auch Geheimrat und Assessor am Leipziger Oberhofgericht. Man setzte ihn als Schiedsrichter und Vermittler bei Streitigkeiten ein. 1563 vermählte er sich mit Lucretia von Schleinitz. Erich Volkmar von Berlepsch war verwickelt in die Grumbachschen Händel. Der wegen Bischofsmordes geächtete Wilhelm von Grumbach floh nach Gotha und stand unter dem Schutz des Herzogs Johann Friedrich dem Mittleren. Er gab vor, dem Herzog bei der Wiedererlangung der seinem Vater entzogenen Kurfürstenwürde behilflich zu sein. Der Herzog kam der Aufforderung des Kaisers, den Geächteten auszuliefern, nicht nach.

Ihm wurde die Reichsacht erklärt, deren Vollstreckung dem Kurfürsten August von Sachsen übertragen wurde. Erich Volkmar war der Oberbefehlshaber der Truppen, die die Stadt Gotha vom 24.12.1566 bis zum 13.04.1567 belagerten. Durch einen Aufstand der Bürger und der Besatzung musste sich der Herzog ergeben und büßte mit einer 28-jährigen Gefangenschaft. Grumbach und dessen Kumpane kamen vor Gericht, zu dessen Mitgliedern auch Erich Volkmar von Berlepsch zählte. Grumbach erhielt die Todesstrafe. Am 18.04.1567 erfolgte die Hinrichtung. Berlepsch ließ seinen Amtsscharfrichter aus Langensalza kommen, der die Exekution durch Vierteilung auf dem Hauptmarkt in Gotha ausführte. Er riss dabei dem Grumbach das Herz aus dem Leibe, schlug es ihm auf den Mund und rief: „Siehe Grumbach, dein falsches Herz!" Für seine geleisteten Dienste erhielt der Amtmann vom Kurfürsten 6.000 Gulden Belohnung.
1568 wurde Erich Volkmar von Berlepsch Oberhauptmann von Thüringen. Dieses Amt nahm er ehrenvoll wahr. Seinen Lebensabend verbrachte er auf dem Rittergut in Urleben, wo er verstarb. Seine Frau ließ in der Bergkirche zu Urleben ein marmornes Denkmal errichten. Beide Gatten sind in knienden lebensgroßen Statuen zu sehen. Die auf Holz gemalten Bildnisse von Lucretia und Erich Volkmar, ein Werk von Lucas Cranach d. J., stiftete 1806 Heinrich Moritz von Berlepsch der Kirche mit dem Vermerk, dass diese nicht veräußert werden dürfen. Die Originale befinden sich heute im Schlossmuseum Gotha.
(Quelle: Hermann Gutbier, Häuserchronik, Teil 3; Stadtarchiv, Persönlichkeiten Nr. 196, Personengeschichte Nr. 17)

Berlepsch, Hans Hermann von
Regierungspräsident
geboren am 30.03.1843 in Dresden
gestorben am 02.06.1926 in Seebach
Freiherr Hans Hermann von Berlepsch wurde als Sohn des Oberlandforstmeisters v. Berlepsch in Dresden geboren. Er studierte in Göttingen und Berlin die Rechte, trat in den preußischen Staatsverwaltungsdienst und wurde 1873 Landrat des Kreises Kattowitz in Oberschlesien. Seine Karriere im Staatsdienst war beispielgebend: 1877-1880 Staatsminister im Fürstentum Schwarzburg-Sondershausen, 1881 Vizepräsident in Koblenz, 1884 Regierungspräsident in Düsseldorf, Mitglied des Staatsrates, 1889 Oberpräsident der Rheinprovinz. Am 31.01.1890 ernannte man ihn zum preußischen Minister für Handel und Gewerbe. Große Verdienste erwarb er sich in der Sozialpolitik. Im Ruhestand setzte er seine reformi-stische Tätigkeit als Vorsitzender des von ihm 1901 gegründeten Vereins für Sozialpolitik fort. Er starb im Alter von 83 Jahren auf Schloss Seebach. Hans Hermann von Berlepsch war eine überragende Persönlichkeit und der letzte Minister der Ära Bismarcks.
(Quelle: Stadtarchiv, Persönlichkeiten Nr. 196)

Berlepsch, Hans Freiherr von
Ornithologe, Doktor phil. h. c.
geboren am 18.10.1857 auf Burg Seebach
gestorben am 02.09.1933 auf Burg Seebach
Die Freude an der Natur, an der Tier- und Vogelwelt wurde dem jungen Hans von Berlepsch schon in die Wiege gelegt. Die Sittiche im Wappen der Berlepsche deuten auf dieses Familienerbteil hin. Vom 12. bis 15. Lebensjahr besuchte er ein Privatinstitut zu Bad Sulza in Thüringen und beschäftigte sich dort mit ornithologischen Studien. Ostern 1873 kam er in die Klosterschule zu Roßleben. Seine Stube glich einer Menagerie. Im Sommer 1879 bestand er die Reifeprüfung. Schon während der Ferien 1877 begann er mit der Anlage des ersten Vogelschutzgehölzes in Seebach. Der junge Mann liebte die Natur, ging gern auf die Jagd, interessierte sich aber auch für das Soldatenleben. Nach dem Abitur trat er als Fahnenjunker in das 11. Husarenregiment, Garnison Düsseldorf, ein und begann die Offizierslaufbahn. Seine Sehnsucht nach Reisen in andere Welten und der Forscherdrang führten dazu, dass er 1905 den Abschied als Berufsoffizier nahm.
Besonderes Interesse zeigte Berlepsch von jeher der Vogelkunde. 1899 erschien sein Buch „Der gesamte Vogelschutz - seine Begründung und Ausführung", ein richtungsweisendes Werk. 1890 heiratete er Frances von Berenberg-Gossler. Vorträge und Reisen führten den Ornithologen nach Frankreich, Italien, die Schweiz, Ungarn, Österreich, Afrika, Südamerika und Norwegen.
In der Seebacher Flur legte er Gehölzgruppen an, um gute Voraussetzungen für den Lebensraum der Vögel zu schaffen. Seit 1888 wird der Vogelschutz auf dem Gut in Seebach wissenschaftlich betrieben. 1908 erhielt es die Anerkennung als erste „Staatliche Versuchs- und Musterstation für Vogelschutz". 1936 erfolgte die Ernennung zur Vogelschutzwarte.
Die Universität Halle verlieh dem Ornithologen 1923 die Ehrendoktorwürde, eine hohe Auszeichnung seiner verdienstvollen Arbeit für den Heimat- und Vogelschutz und für die Errichtung einer Tochterstation in Halle. Die Vogelschutzstation, die nach dem Tod von Hans von Berlepsch verstaatlicht wurde, besteht heute noch. Das Werk des berühmten Ornithologen wird fortgeführt und gepflegt.
(Quelle: Stadtarchiv, Heimatbrief Nr. 8; D 338, Hans Freiherr von Berlepsch, Mein ornithologischer Lebenslauf)

Beyer, Hugo Friedrich Adolph
Verlagsbuchhändler
geboren am 04.06.1862 in Langensalza
gestorben am 01.06.1937 in Langensalza
Er war das zehnte und jüngste Kind des Verlagsbuchhändlers und Druckereibesitzers Hermann Beyer. Mit 23 Jahren trat er als Mitbesitzer in die Firma seines Vaters ein. Durch seinen eisernen Fleiß und seiner Tatkraft gelang es ihm, das Geschäft über die Kriegs- und Inflationszeit hinwegzubringen. Die Firma Hermann Beyer & Söhne (Beyer und Mann) hatte in Deutschland einen guten Ruf.
Als Sachbearbeiter im Magistrat für das Städtische Krankenhaus hatte er sich große Verdienste um die Verbesserung und Erweiterung des Krankenhauses erworben. Bei seiner tief religiösen Einstellung war es natürlich, dass er sich auch in

den kirchlichen Körperschaften zu betätigen suchte, so war er Mitglied der Kirchenvertretung und des Kirchenrates. Seine besondere Liebe für die Natur zeigte sich auch darin, dass er wegen seiner Verdienste von der Deutschen Dendrologischen Gesellschaft zum Ratsherrn ernannt wurde, eine seltene Ehrung.
(Quelle: Stadtarchiv, Persönlichkeiten Nr. 11, Kirchengeschichte)

Blankenburg, Hermann
Komponist, „Marschkönig“
geboren am 14.11.1876 in Thamsbrück
gestorben am 15.05.1959 in Wesel am Rhein
Sohn eines Landwirts aus Thamsbrück. Sein Interesse galt von Jugend an der Musik, weniger der Landwirtschaft. Mit zehn Jahren leitete er bereits ein Schüler-Tambourkorps in Thamsbrück. Blankenburg war vertreten im städtischen Barmen-Elberschen Orchester in Duisburg. Sein erster ganz großer Erfolg war 1906 der Marsch „Abschied der Gladiatoren“, der Siegertitel einer öffentlichen Ausschreibung des englischen Königshauses. Dieser Marsch wird noch heute beim Wachwechsel am Buckingham-Palast gespielt und schrieb in London Musikgeschichte. Er komponierte ca. 1.200 Märsche und wurde deshalb als „Marschkönig Europas“ bezeichnet. Die Stadt Thamsbrück ernannte ihn 1937 zum Ehrenbürger. Für seine Geburtsstadt schrieb er aus Dankbarkeit das Intermezzo „Grüß mir die Heimat“. Es gibt auch eine Internationale Blankenburg-Vereinigung mit Sitz in Isselburg. Dieser Vereinigung gehören 87 Musikerpersönlichkeiten an. Sein Sohn Heinz war auch als Dirigent bekannt.
Würdigung: Ehrenbürger der Stadt Thamsbrück, Blankenburg-Straße in Wesel, CD mit Blankenburgmärschen.
(Quelle: Gisela Münch, Historische Persönlichkeiten; Der Nackte Reiter - Das KurstadtMAGAZIN, Dezember 2000, „Der Marschkönig Sohn Thamsbrücks“ von Gerd Ewert)

Bohn, Oskar
Maler, Graphiker
geboren am 25.04.1873 in Langensalza
gestorben 1953 in Suhl
Sohn des Drechslermeisters Bohn aus Langensalza. Ab 1879 Schulzeit in Langensalza. Mit 14 Jahren besuchte er die Seminar-Vorbereitungsschule in Wandersleben. Später wurde er Schüler der Staatlichen Kunstakademie in Berlin. Ausbildung zum Lehrer für Zeichnen, Musik und Sport, Militärzeit, 1900 Lehrer in Suhl, daneben Organist an der Kreuzkirche. Ab 1902 begann sein Studium an der Kunstschule Berlin-Charlottenburg, 1918-1920 Lehrer in Suhl, 1920/21 Studium an der Kunstgewerbeschule München. 1922 wurde ihm vom Staat die Verwaltung der Lehrstelle für bildende Kunst an der staatlichen Bildungsanstalt in Naumburg übertragen, später wurde er zum Studienrat ernannt. Er machte Radierungen, aber auch Ölgemälde, Lithographien, u. a. die Naumburger Dombilder, Marktkirchen-Lithographie und ebenfalls Holzschnittkunst. Eine Ausstellung von Bohn erfolgte u. a. im Dezember 1934 im Städtischen Reform-Realgymnasium. Die Arbeitsweise der Künstler ist Ausdruck einer ständigen Suche nach adäquaten Mitteln der

Bildbewältigung gewesen. Eine Ausstellung seiner Bilder erfolgte auch im Langensalzaer Museum.
(Quelle: Stadtarchiv, Persönlichkeiten Nr. 226, Langensalzaer Allgemeiner Anzeiger vom 29.11.1934)

Bonitz, Karl Friedrich Dr.
Diakon
geboren am 02.02.1771 in Zwönitz/Sachsen
gestorben am 13.08.1835 in Langensalza
War ein wissenschaftlich gebildeter Gelehrter und stammte aus Zwönitz in Sachsen. Er verfasste 1800 seine Schriften in lateinischer Sprache. In Langensalza wurde er Diakon der Marktkirche und später in der Bergkirche. Bonitz war verheiratet, hatte fünf Töchter und zwei Söhne. Von der Theologischen Fakultät in Leipzig erhielt er das Diplom als Doktor der Theologie. Er gehörte zu den vortrefflichen Geistlichen, die in der Zeit nach den Befreiungskriegen die Hebung und sittliche Stärkung des Volkes durch eine allgemeine gute Bildung im Sinne des großen Pädagogen Heinrich Pestalozzis erstrebten. Er war Superintendent vom Kirchenkreis. 1816 wurde auf seine Veranlassung eine zweite Mädchenschulklasse und 1824 eine geordnete Volksschule aus der Armenschule eingerichtet, 1834 eine Kleinkinderschule im Waisenhaus eröffnet. Am 28.06.1825 vertrat er bei der Taufe des Dichters Heinrich Heine die Patenstelle.
(Quelle: Hermann Gutbier, Häuserchronik; Kirchenarchiv; Langensalzaer Allgemeiner Anzeiger vom 17.11.1931)

Bonitz, Hermann Professor Dr.
Ministerialrat,Theologe, Philologe (Ehrenbürger)
geboren am 29.07.1814 in Langensalza
gestorben am 25.07.1888 unbekannt
Sohn von Friedrich Bonitz. Besuch der hiesigen Bürgerschule, 1825 Besuch der Landesschule Pforta, später Studium in Leipzig und Berlin. Er war Lehrer am Blochmann'schen Institut in Dresden und später Gymnasiallehrer in Berlin. 1849 Berufung nach Wien als Organisator des österreichischen höheren Schulwesens. Die Wirksamkeit Bonitz in Österreich war sehr vielseitig gewesen und der Wendepunkt in seinem Leben. Übersiedlung 1867 nach Berlin. Er wird dort Direktor des Gymnasiums am „Grauen Kloster". Erhielt den Titel „Doktor der Theologie" und war Mitglied der Akademie in Wien, München und Berlin. Als Universitätsprofessor widmete er sich der Ausbildung eines tüchtigen jungen Nachwuches von Gymnasiallehrern. Er ergänzte die Hochschulvorträge durch Übungen im Seminar, gab ihnen Anleitung zum philologischen Studium und sorgte für die Einrichtung

ähnlicher Institute in Geschichte, Geographie, in Mathematik und Naturwissenschaften. Ebenfalls war er ein Wegbereiter der Realschulen und Realgymnasien. Sein Biograf Gomperz würdigte ihn mit den Worten „Der berühmte Sohn Langensalzas. Er war sicherlich einer der größten Philologen seiner Zeit, der es an großen Philologen nicht gefehlt hat. Aber was mehr ist als das, er war wie sein Vater ein harmonischer, vornehmer und edler Mensch".
(Quelle: Stadtarchiv, Lgs. Heimatblätter - Beilage zum Lgs. Anzeiger 1931)

Breitung, Max Prof. Dr.
Geheimer Medizinalrat, Arzt und Dichter
geboren am 11.04.1852 in Langensalza
gestorben 1934 in Coburg
Sohn des Lehrers Karl August Wilhelm Breitung und dessen Ehefrau Ernestine Emilie, die auch die musische Ausbildung des Knaben unterstützten. Er besuchte das Gymnasium in Erfurt und studierte Medizin. Von 1873-1877 war er an der Kaiserl. Wilh. Akademie Berlin, bis 1893 Sanitätsoffizier in Meiningen, Liegnitz, Berlin, Hamburg, Köln; seit 1893 in Coburg als Facharzt für Nasen-, Ohren- und Halskrankheiten tätig. Er behandelte chronisch progressive Schwerhörigkeit durch die hochfrequente Vibration des Trommelfells, was ihm einen bedeutenden Ruhm einbrachte. Max Breitung erwarb sich Verdienste auf dem Gebiet der Volkshygiene und der Naturwissenschaften. 1900 erhielt er den Professorentitel. Er veröffentlichte viele wissenschaftliche Arbeiten, aber auch Dramen und Gedichte. Er schrieb unter dem Pseudonym Max Breo Theaterstücke. Sein bestes Werk war „Der Sonnenkaiser", ein Drama in 5 Aufzügen.
(Quelle: Stadtarchiv, E 85; Gutbier, Hermann Häuserchronik, Teil 5; Kirchenarchiv Bad Langensalza; Pagel, J. Biograhisches Lexikon hervorragender Ärzte des 19. Jahrhunderts, 1901; Wer ist's? Unsere Zeitgenossen, Herausgeber Hermann A. L. Degener, 4. Ausgabe 1909)

Brentano, Clemens
Bedeutender Dichter der Romantik
geboren am 08.09.1778 in Ehrenbreitstein bei Koblenz
gestorben am 28.07.1842 in Aschaffenburg
Der Sohn der Maximiliane La Roche und des aus Mailand eingewanderten reichen Frankfurter Kaufmanns Peter Anton Brentano wurde im Haus seiner Großmutter Sophie La Roche in Ehrenbreitstein bei Koblenz geboren. Seine Mutter, in ihrer Jugendzeit eine Freundin und Angebetete von Johann Wolfgang Goethe, brachte während ihrer 19-jährigen Ehe zwölf Kinder zur Welt, Clemens war das dritte Kind. Die Familie lebte in Frankfurt im Haus zum Goldenen Kopf, verfügte über materiellen Wohlstand und war in der Gesellschaft angesehen. Clemens Brentano, schon als Kind etwas extravagant, musste wegen Überlastung der Mutter zeitweilig bei der Tante Luise von Möhn leben. Der sensible Junge litt unter dieser Situation, denn er liebte seine Mutter sehr. Von 1787-1790 besuchte er das Gymnasium in Koblenz, 1791 das philanthropische Erziehungsinstitut in Mannheim. Obwohl die Ausbildung auch Tanzen, Tugendlehre, Handelskunde, Tonkunst, Fechten, Malen und Kupferstechen beinhaltete, kam es dem Jungen wie eine Zwangsanstalt vor, er sehnte sich nach dem Elternhaus. Man holte ihn zurück nach Frankfurt, jedoch starb bald darauf seine Mutter 1793. Clemens durfte in Bonn bis zum Sommer 1794 Mineralogie studieren. Er zeigte aber keinen großen Eifer. Die Familie wollte, dass er in der Familienfirma mitarbeiten sollte. Nach einer kurzen kaufmännischen Ausbildung bei seinem Vater kam er Ende des Jahres 1795 nach Langensalza zum Kaufmann Christoph Ernst Polex in die Lehre. Dieser besaß „Bei der Marktkirche 10" ein Handelsgeschäft. Bei einem Theaterschneider ließ sich Brentano einen papageigrünen Rock, eine scharlachrote Weste und pfirsischblütfarbene Beinkleider anfertigen. Einen seltsameren Handelslehrling hatte es wohl noch nie in Langensalza gegeben. Liebenswürdig und charmant verdrehte er den Frauen den Kopf. An seinen Bruder schrieb Brentano: „Meine Abende verbringe ich im „Blauen Hause". Alle 14 Tage haben wir ein Konzert, wobei die Damen von Langensalza in langen Taillen wie Lindwürmer im Garten kriechen. Sonntags geht alles nach dem Böhmen, wo man sich ungeniert ins Gras setzt und Bier aus hölzernen Krügen trinkt. Alles tabakt und steckt die Pfeife mit Lunten an. Im ganzen sind die jungen Leute alle garstige Lümmel und die Mädchen liebenswürdige niedliche (bis auf die lange Taille) verliebte Äffchen mit schönen blauen Augen, mit feinen Gesichtern, von schlanken Wuchs, aber ganz ohne Witz und ohne die gehörige Schüchternheit. Bis jetzt ist der Brentano bei Polex das einzige Stadt- und Jungferngespräch und vor Kußhändchen, Bestellungen usw. wird mir die Freizeit nie zu lang."

Der seltsame Handelslehrling hatte noch andere Eigenarten. So korrespondierte er mit den Branntweinbrennern in Nordhausen in Versen oder zeichnete die „Charakterköpfe" der Fuhrleute in die

Frachtbriefe ein. Sein Aufenthalt in Langensalza fand ein jähes Ende. Die Wirtsleute fanden in Brentanos Zimmer Verse vor, in denen er die Schwächen des Herrn Polex und seiner Frau, die er mit einer hüpfenden Krähe verglich, offenbarte. Er wurde entlassen und kehrte nach Frankfurt zurück. Brentano war für das Geschäftsleben untauglich. Seine persönlichen Erfahrungen aus dem Kaufmannsstand gestaltete der Dichter später in dem Theaterstück „Komanditchen", einer romantischen Satire auf das bürgerliche Geschäftsleben. Nach dem Tod des Vaters 1797, der ein beträchtliches Vermögen hinterließ, studierte Brentano wenig erfolgreich in Halle, Jena und Göttingen, wo er 1801 Achim von Arnim kennenlernte, mit dem er eine Sammlung von alten deutschen Volksliedern unter dem Titel „Des Knaben Wunderhorn" zusammenstellte, die in 3 Bänden 1806 bis 1808 herausgegeben wurde. In Jena fand er Kontakt zum Schlegel-Tieck'schen Kreise (romantische Schule) und lernte seine spätere Frau Sophie Mereau kennen, die er 1803 heiratete. Sie lebten in Marburg und Heidelberg. Zwei Kinder starben kurz nach der Geburt, bei der dritten Entbindung, einer Totgeburt, starb Sophie Ende Oktober 1806. Nach tiefer, aber kurzer Trauer begann Brentano eine Affäre mit der 16-jährigen Auguste Bußmann, die er im August 1807 heiratete. Die Ehe verlief unglücklich. Brentano flüchtete Anfang 1809 vor Auguste, lebte in Trennung und erreichte aber erst Jahre später die Scheidung. In den nächsten Jahren lebte er meistens in Berlin, verliebte sich in die Pfarrerstochter Luise Hensel, die seine Liebe aber nicht erwiderte. Brentano wurde religiös und wandte sich dem katholischen Glauben zu, was sich auch in seinem literarischen Arbeiten aus jener Zeit widerspiegelt, die jedoch keine Anerkennung fanden. Im Herbst 1833 zog er nach München. Dort verliebte er sich in die Malerin Emilie Linder, die ihn um 1835 auf einem Ölgemälde darstellte. In den letzten Lebensjahren lebte Brentano sehr zurückgezogen. Er starb 1842 im Hause seines Bruders Christian in Aschaffenburg.
Clemens Brentano war ein geistesreicher, manchmal auch etwas wunderlich wirkender bedeutender Vertreter der deutschen Romantik. Er schrieb Märchen, Novellen, Dramen, den Roman „Godwi" und Satiren, manches blieb unvollendet. Seine volksliedhaften Gedichte sind sehr einfühlsam und poetisch. In den Rheinmärchen hat er vor Heinrich Heine in der Ballade von der „Lore Lay" diese sagenumwobene Frauengestalt verewigt. „Brentanos Werke sind der Romantik verhaftet und von Phantasie, starken Gefühlen und Empfindungen, geprägt. Er ist neben Eichendorf der bedeutendste Lyriker der Romantik. Fast alle seine größeren literarischen Pläne blieben Fragmente. Sein wichtigstes Werk ist die mit Armin herausgegebene Volksliedersammlung „Des Knaben Wunderhorn". Dadurch hat er die Entwicklung der deutschen Lyrik zum Volkstümlichen hin entscheidend beeinflußt und im allgemeinen Kulturbewußtsein die Vorstellung von Volkspoesie für mehr als ein Jahrhundert bestimmt."
Würdigung: Gedenktafel am Haus „Bei der Marktkirche 10", Brentanoschule, Brentanostraße. 1978 erschien von der Deutschen Bundespost eine Sondermarke mit dem Portrait von Clemens Brentano.
(Quelle: Stadtarchiv, Brigitte Buhlmann Pro-Mo GmbH „Berühmte Bürger im Wandel der Zeiten"; Rückoldt Hans, Heimatbrief Nr. 22; Günzel, Klaus, Die Brentanos; Schultz, Hartwig, Clemens Brentano; Brentano/Armin, Werke in einem Band; Allgemeine Deutsche Biographie, 3. Bd.)

Brockmann, Heinrich Wilhelm
Apotheker
geboren nicht bekannt
gestorben am 06.06.1855 in Wulfen bei Osnabrück
Er kam im Jahre 1800 nach Langensalza und richtete im Haus Neumarkt 6 eine Apotheke mit Laboratorium ein. Der Name Brockmann ist eng verbunden mit der Entdeckung des Schwefelwassers in der Umgebung von Langensalza. Brockmann stellte bei der Untersuchung einer Probe eines zufällig gefundenen übelriechenden Wassers das Vorhandensein von Schwefelwasserstoffgas fest. Das gegründete Brunnen-Comitee, zu dessen Mitgliedern auch er gehörte, regte die Errichtung eines Badehauses sowie später den Bau eines Kurhauses an, um einen wirtschaftlichen Aufschwung für die Stadt zu erreichen. In Würdigung seiner Verdienste wurde Heinrich Wilhelm Brockmann zum Direktor über den Brunnen ernannt.
(Quelle: Häuserchronik von Hermann Gutbier)

Dedekind, Henning
Kantor, Komponist, Stadtpoet
geboren am 30.12.1562 in Neustadt am Rübenberge
gestorben am 28.07.1626 in Gebesee
Besuchte das Gymnasium zu Hildesheim, später zu Lüneburg und Hannover; Studium 1584/1585 in Erfurt. 1586 wurde er Nachfolger des zum Hofkapellmeister nach Kassel berufenen Georg Otto im Kantorenamt zu Langensalza. Sein Interesse galt der Komposition. Folgende Werke erschienen: „New auserlesene Trincinia" (dreistimmige Lieder), „Dodekatonon Musicum Trinciniorum" (dreistimmige Lieder), der 140. Psalm: „Errette mich, Herr, ...". Ein musikpädagogisches Werk für Kinder war unter anderem „Eine Kinder Musica - Für die jetzt allererst anfangenden Knaben". In ihm führte er in einfachen Worten und Notenbeispielen in die Grundlagen der Musik und des Musizieren ein. Er war verheiratet und hatte 13 Kinder. In wenigen Jahren konnte Henning Dedekind vom Kantor zum Diakonus und schließlich zum Frühprediger an der Bonifaciuskirche aufsteigen. Er hatte, wie viele seiner Zeitgenossen, den Schritt vom Musiker zum Geistlichen vollzogen.
In der Schrift „Lomentabilis Historia tristissimi incendie Salissae Thuringorum" „Die beklagenswerte Geschichte der sehr traurigen Feuersbrunst in Salza in Thüringen" beschreibt er einen Brand, in dem er seine ganze Habe verlor.
Er galt als der 3. lutherische Prediger seit der Einführung der Reformation.
(Quelle: Walter Meissner MA vom 19.03.1995 - Musiker in Langensalza; Stadtarchiv, Persönlichkeiten Nr. 24)

Dietrich, Otto
Mittelschulrektor
geboren am 15.08.1871 in Stedten
gestorben am 17.02.1952 in Langensalza
Nach beruflicher Ausbildung und Ablegung der vorgeschriebenen Prüfungen amtierte er in Gonna bei Sangerhausen, Oberröblingen (Helme), Halle, Wettin (Saale) und seit dem 01.04.1905 in Langensalza als Rektor der Knaben- und Mädchenvolksschule. 25 Jahre war er als Mittelschulrektor aktiv und Mitbegrün-

der der Bürger- und Mittelschulvereinigung. Dietrich war im Stadtarchiv tätig und erstellte innerhalb von 6 Jahren die „Bibliographie von Langensalza". Mit dieser wird jetzt noch im Archiv gearbeitet.
(Quelle: Stadtarchiv, Persönlichkeiten Nr. 25)

Döpping, Johann Friedrich
Rittergutspächter
geboren am 08.06.1788 in Ufhoven
gestorben am 03.03.1870 in Ufhoven
Von 1811-1857 Rittergutspächter in Ufhoven, führte das Gut 46 Jahre erfolgreich, ließ 1857 einige hundert Taler prägen, die er zum Andenken an sein Wirken an seine Angestellten und Arbeiter und an jedes Schulkind verteilte. Bei Münzkundigen oder Numismatikern ist sein Name durch den Ufhover „Döpping-Taler" nicht in Vergessenheit geraten. Dieser Taler wurde von dem bekannten Medailleur Helfericht gestaltet. 1857 verließ Döpping Ufhoven, kam aber kurz vor seinem Tode wieder zurück. Würdigung: Döppingstraße in Ufhoven.
(Quelle: Rosendorf Ufhoven; Dorfbuch 2. Band von Paul Hesse, BLW 26/92)

Dumpf, Johann Wilhelm
Pagenhofmeister zu Gotha
geboren am 08.09.1729 in Sachsenburg
gestorben am 07.07.1801 in Langensalza
Sohn eines Hof- und Justizrates von Weißenfels und Amtmanns von Langensalza. Als Junge hatte er einen Privatlehrer, Herrn Herrmann. Durch einen Unglücksfall verletzte dieser seinen Zögling mit einem Gewehrschuß an der rechten Hand, wodurch einige Finger zerschmettert wurden. Der Vater, später als Hof- und Justizrat in Weißenfels und Amtmann in Langensalza tätig, schickte Johann Wilhelm auf die Landesschule Pforta, wo er ein Mitschüler Klopstocks war. Er studierte in Wittenberg Jura, Sprachen und andere Wissenschaften. Er interessierte sich auch für Literatur und befreundete sich mit Lessing. Dumpf aß in seiner Jugend schnell und ging sehr langsam. Lessing scherzte darüber: „Zum Essen bist du schnell, zum Gehen bist du faul. Iß mit den Füßen, Freund, und nimm zum Gehn das Maul." Johann Wilhelm Dumpf erhielt ein kleines Amt bei einer kurfürstlichen Kommission in Langensalza, war zur Zeit des Siebenjährigen Krieges Hauslehrer bei einem Herrn von Wangenheim in Sonneborn und Gotha, dann in Wurzen bei dem Kanzler von Gablenz angestellt. Dumpf gründete 1760 in Langensalza ein Wochenblatt. Dort erschienen gemeinnützige Abhandlungen, Gedichte, politische Neuigkeiten und Anzeigen. Eine Schwester von ihm hatte den Superintendenten Leisching aus Langensalza geheiratet. Dessen Bruder holte Dumpf nach Hamburg, wo er als Redakteur an der Neuen Hamburger Zeitung tätig war. Dort trat er in die Freimaurerloge „Absolon" ein. In Gotha stiftete er die Loge „Zum Rautenkranz". Als Redakteur der Gothaischen gelehrten Zeitung arbeitete er mit am Gothaischen Hofkalender. Um 1771 ernannte man ihn zum herzoglichen sachsen-gothaischen Pagenhofmeister. 30 Jahre übte er dieses Amt aus. Er beschäftigte sich mit den Wissenschaften, führte ein ruhiges, gleichförmiges Leben, wurde geachtet von seinen Bekannten und Schülern. Zu seinen Freun-

den zählte auch der Kapellmeister Benda. Dumpf war religiös und wohltätig. Er besuchte im Sommer 1801 seine Verwandten in Langensalza, bekam Fieber und verstarb hier. Die Schwester, einzige Erbin seines Nachlasses, sollte diesen unter bedürftigen Personen von Stande, Lehrern und anderen aufteilen.
(Quelle: Stadtarchiv, D 28, Nekrolog der Teutschen für das neunzehnte Jahrhundert von Friedrich Schlichtegroll, Bd. 1, 1802)

Eisfeld, Johann David
Kammerdiener
geboren am 12.02.1787 in Langensalza
gestorben am 11.11.1852 in Langensalza
Trat als Kammerdiener in den Dienst von Goethe und begleitete ihn mehrmals nach den Böhmischen Bädern. Goethe nannte ihn „Carl". Nach sechsjähriger Dienstzeit bei Goethe kehrte er 1812 nach Langensalza zurück und übernahm mit seinem Bruder Georg Heinrich Eisfeld 1814 das alte Schwefelbad. Nach der Entdeckung der Schwefelquellen und dem danach erfolgten Bau des Badehauses mit Wirtschaftsgebäude gehörte er somit zu den ersten Pächtern.
(Quelle: Stadtarchiv, Persönlichkeiten Nr. 208)

Erbstein, Johann Georg Dr. jur.
Chronist
getauft am 28.07.1681 in Langensalza
gestorben 1752 in Langensalza
Studierte die Rechte und ließ sich in seiner Vaterstadt als Advokat nieder. Er war mit Euphrofyne Kunigunde, der Tochter des Pastors Madlung in Kirchheilingen, vermählt, hatte aber keine Kinder.
1715 verfasste er die erste gedruckte Chronik von Langensalza.
(Quelle: Hermann Gutbier, Beiträge zur Häuserchronik)

Erich, Adolar
Cantor, Kartograph. Er schrieb die **erste Chronik von Langensalza** - in Reimform.
geboren 1559 in Andisleben
gestorben am 01.06.1634 in Bachra bei Kölleda
Von 1593 bis 1597 Cantor in Langensalza, später Versetzung als Prediger nach Andisleben und Pfarrherr zu Bechern. Im September 1597 bestand er das theologische Examen zu Erfurt. Schrieb 1594 die erste Chronik der Stadt Langensalza in Reimform, diese Reime sind auch in vielen hiesigen geschriebenen Chroniken zu finden. Er begann in Langensalza eine der bemerkenswertesten großen Landkarten Thüringens zu entwerfen, die er in Andisleben vollendete. Die Originalgröße der Landkarte, die **„Tyringische Mapp"**, beträgt 1,11 Meter x 1,31 Meter, sie wurde wahrscheinlich in Holland gedruckt. Die zweite Auflage wurde 1625 herausgegeben, sie ist noch heute in einem Exemplar in der Sächsichen Landes- und Universitätsbibliothek Dresden vorhanden ist. Adolar verdanken wir auch die einzige Zeichnung des Klosters Homburg als Ruine. Außerdem schrieb er eine Chronik der Herren von Seebach.
Kartentipp: *„Die Tyringische Mapp 1625"*, Reprint Verlag Rockstuhl, 2000.
Buchtipp: *„Alte Thüringer Landkarten 1550-1750 und das Wirken des Kartographen Adolar Erich"* von Gunter Görner. **In diesem Buch ist die erste Chronik von Langensalza abgedruckt!** Verlag Rockstuhl, 2001.
(Quelle: Chronik der Gemeinde Andisleben, Bearbeitung Dr. Gunter Görner)

Ette, Gerog-Christian

Ette

geboren 08.02.1804 in Langensalza
gestorben 05.08.1859 in Langensalza
1842 Maurermeister und erster Ziegeleibesitzer für Lehmbacksteine. Er heiratete am 16.06.1835 Maria Johanna Wille. Am 06.04.1837 wurde das erste Kind Caroline (gestorben am 07.08.1858) und am 26.04.1839 das zweite Kind Clara geboren (gestorben am 5.8.1858). 1843: Bau der Löbergasse 11 und 12 in Travertin. 1846-1848 ließ er das Backsteinhaus - Landratsamt - früherer Bismarkplatz 3 erbauen. Letzte Wohnung vor dem Mühlhäuser Tore Nr. 936 c.
(Quelle: Hermann Gutbier, Baugeschichte der Stadt Langensalza und Datenbank von Martin Kampmann)

Fachs, Ludwig Dr.
Rechtsgelehrter
geboren am 31.01.1497 in Langensalza
gestorben 1554 in Leipzig
1524 war er Mitglied des Leipziger Rates. Fachs stand beim Herzoglich Sächsischen Hof in großem Ansehen. Er gehörte dem gemeinschaftlichen Oberhofgericht an. Für die Verdienste um die Universität Leipzig wurde ihm ein goldener Becher verehrt. 1534 Bürgermeister in Leipzig. Auch anderen Herzögen und Fürsten hat Dr. Fachs mit seinen umfassenden Rechtskenntnissen gedient und sich dadurch unvergänglichen Ruhm erworben.
(Quelle: Stadtarchiv, Kreis Langensalzaer Zeitung vom 28.01.1942, Personengeschichte Nr. 371)

Fensterer, Dietrich
Bürgermeister
geboren 1471 in Tennstedt
gestorben am 08.01.1546 in Langensalza
1518 Besitzer des Grundstückes Bei der Marktkirche 8. Er war seinerseits der reichste Mann unserer Stadt, da sein Geschoßbetrag die Höhe von 92 Gulden erreichte. 1536 lieferte er 1.800 Butzenscheiben für den Preis von 11 Gulden für das Grundstück Die Ratswaage, Mühlhäuser Straße 40. 1544 gehörte er zur Abordnung, welche nach Weißensee zog, um mit dem Herzog Moritz von Sachsen über den Ankauf der Besitzungen des aufgehobenen Klosters Homburg zu verhandeln. Im Jahre 1546 machte er eine Stiftung, kraft welcher den armen Leuten beim Eintritt der kalten Jahreszeit graues Tuch für die Winterbekleidung geliefert wurde. Er war verheiratet und hatte 5 Kinder. Als Bürgermeister von Tennstedt und Langensalza setzte er sich für die Belange der Bürger ein. Seine Grabplatte befindet sich in der Marktkirche.
(Quelle: Hermann Gutbier, Baugeschichte der Stadt Langensalza)

Finger, Christoph
Seifensieder
geboren am 01.11.1661 in Naumburg an der Saale
gestorben am 27.07.1731 in Langensalza
1683 führte er in Langensalza, einen bis dahin hier unbekannten Industriezweig, das Wachsziehen oder die Kerzenbereitung ein. War verheiratet mit Martha Christine Klettwig, hatte 4 Söhne und eine Tochter. Nach dem Tod seiner Frau heiratete er 1725 Anna Marie Olpe.
(Quelle: Stadtarchiv, Beilage zum Langensalzaer Allgemeinen Anzeiger 1931)

Fischer, Gustav
Stadtrat
geboren am 09.11.1833 in Langensalza
gestorben am 28.10.1918 in Barmen
Geboren als Sohn des Kaufmanns Johann Wilhelm Fischer; 1839-1842 Privatschule in Langensalza; besuchte später das Erziehungsinstitut des Seminardirektors Zahn in Fild bei Mars a. Rhein.
1849 Lehre bei einem Großkaufmann in Erfurt, dort traf er mit dem jungen Juristen, dem Regierungsreferendar Graf von Bredow zusammen. Fischer fand christlichen Anschluss, vor allem in den altlutherischen Gemeinden in Erfurt, nahm teil an Schriftbetrachtung und den Arbeiten der Äußeren und Inneren Mission; nach der Lehrzeit Eintritt in ein Fabrikgeschäft in Mühlhausen, Dezember 1854 Übernahme des väterlichen Geschäfts in Langensalza; gründete mit dem Superintendenten Hahn das Knabenrettungshaus; war verheiratet und hatte 6 Kinder. Trotz ihrer wirtschaftlichen Schwierigkeiten, mit denen sie zu kämpfen hatten, spendeten sie den zehnten Teil ihres Einkommens für christliche Zwecke. 1860 Wahl zum Armenpfleger, war Hauptbegründer des Langensalzaer Männer- und Jünglingsvereins, Berater und Kassenführer beim Thüringer Sonntagsblatt. Richtete 1883 in Vereinbarung mit dem Kreis die Naturalverpflegungsstation ein, später Wahl zum Stadtrat Von 1860-1910 war er Mitglied der städtischen Armenkommision. Am 11.12.1910 erhielt er den Titel „Stadtältester“ und später die Auszeichnung „Roter-Adler-Orden IV. Klasse“. Im 80. Lebensjahr siedelte er in das Pfarrhaus seiner Kinder nach Barmen über, wo er am 28.10.1918 verstarb. Der Sarg wurde nach Langensalza überführt und kam an die Seite seiner Gattin auf den alten Stadtgottesacker.
(Quelle: Stadtarchiv, Sima, Für Stadt und Land, Heimatbeilage zum Langensalzaer Tageblatt, 02.09.1933; Verwaltungsbericht von 1910)

Fleischhauer, Eduard
Komponist
geboren am 25.05.1836 in Thamsbrück
gestorben am 01.02.1882 in Langensalza
War während seiner Militärzeit bei der 3. Eskadron des thür. Ulanen-Rgts. Nr. 6. Musikalisch sehr begabt, schrieb er Tänze und Märsche, das Klavier beherrschte er wie selten einer. Dem 6. Ulanenregiment komponierte er einen Parademarsch. Später war er lange Jahre Gastwirt im „Böhmen".
(Quelle: Stadtarchiv, Musikgeschichte O 56 - Johannes Kallensee, Langensalza in der Musikgeschichte)

Fleischmann, Wilhelm
Kreisbodendenkmalpfleger
geboren am 20.09.1919 in Langensalza
gestorben am 12.09.1992 in Bad Langensalza
„Er hat sich mit Engagement und Hingabe ehrenamtlich der heimatlichen Geschichte gewidmet und sich für die Erforschung und Erhaltung besonders der Bodendenkmale eingesetzt. Mutig trotzte er allen Widrigkeiten und bewahrte dadurch geschichtsträchtige Stätten vor Vernichtung oder Beeinträchtigung. Das gilt in ganz besonderem Maße für die Klein- und Flurdenkmale, die Wilhelm Fleischmann besonders am Herzen lagen. 1975 konnte er sein Inventar 'Steinerne Zeugen der Vergangenheit im Kreis Bad Langensalza' vorlegen. Als 1979 in Kleinvargula ein Steinkreuz zerstört wurde, veranlaßte er die Anfertigung einer Rekonstruktion - bei all den in der DDR damit verbundenen Schwierigkeiten, die heute kaum noch nachvollziehbar sind. Eine seiner letzten bodendenkmalpflegerischen Aktivitäten war das Bemühen um die Anfertigung und Aufstellung einer Steinkreuz-Nachbildung in Bad Langensalza im Januar 1992. Anteil hatte er auch an der Inventarisierung der preußischen und kursächsischen Postmeilensäulen im Raum Bad Langensalza/Mühlhausen.
Wilhelm Fleischmanns Urteil und kundiger Sachverstand waren sowohl bei Interessierten als auch in Fachkreisen gefragt. Seine Herzlichkeit und Aufgeschlossenheit ließen ihn bei allen Mitstreitern auch menschlich zum Vorbild werden. Er wird uns unvergeßlich bleiben. Im Namen all derer, die das Alter schätzen und für die Nachkommen bewahren." Helmut Reumann/Frank Störzner
Quelle: Steinkreuzforschung, Studien zur deutschen und internationalen Flurdenkmalforschung. Mitteilungsblätter Heft 2/92 (Regensburg 1992).

Fornfeist, Johann Christoph
Tuchmachermeister, Begründer der Seidenwirkerinnung in Langensalza
geboren am 18.10.1648 in Langensalza
gestorben am 06.08.1701 in Langensalza
Er erlernte das Tuch- und Raschmachen; Rasch war ein lockeres Wollgewebe, das seinen Namen von der Stadt Arras in Frankreich hat. 1671 Wanderschaft u. a. auch in die Schweiz, machte sich vertraut mit dem Seidenwirken, Wollweben und der Färberei. 1674 Rückkehr nach Langensalza und Einführung der Manufaktur des Seidenwirkens. 1678 Gründung der Seidenwirkerinnung mit Nikolaus Schreiber. Zehn Jahre nach der Innungsgründung ließ Johann Christoph Fornfeist das Herkuleshaus als Wohnhaus errichten. Es ist eines der ältesten und höchsten Bürgerhäuser aus dem Jahre 1688. Fornfeists Epitaphium befindet sich in der Gottesackerkirche.
(Quelle: Hermann Gutbier, Häuserchronik von Langensalza; Stadtarchiv, Persönlichkeiten)

Friederike von Sachsen-Weißenfels
Herzogin
geboren am 17.07.1715 in Gotha
gestorben am 12.05.1775 in Langensalza
Die geborene Prinzessin Friederike von Sachsen-Gotha-Altenburg war eine Tochter des Herzogs Friedrich des II. und seiner Gemahlin Magdalene Auguste von Anhalt-Zerbst.
1734 wurde sie mit 19 Jahren die zweite Gattin des Herzogs Johann Adolf II. von Sachsen–Weißenfels, der dreißig Jahre älter war als sie. Sie gebar vier Söhne, aber alle starben in früher Kindheit, nur eine Prinzessin überlebte den Vater, Friederike Adolphine, geb. am 27.12.1741. So erlosch 1746 die Nebenlinie Sachsen-Weißenfels mit dem Tode von Johann Adolf II. Die Herzoginwitwe übersiedelte mit ihrer Tochter Friederike Adolphine am 24.12.1746 nach Langensalza auf den Witwensitz Schloss Dryburg. Schon seit 1694 war die Burg Witwensitz der Weißenfelder Herzoginnen. Zu dem ansehnlichen Hofstaat der Herzogin gehörten unter anderem folgende Personen:
Oberhofmeister Ehrenfried August von Taubenheim nebst Gemahlin, Christine Charlotte, Hofmeisterin Frau von Geismar, Hofdame Fräulein Caroline Auguste von Nepita, Fräulein Catharina Sophia von Kessel, Franz von Kessel, der Wittumsrat Herr Heinrich Christoph Scharff, der Leibmedicus Johann Gottlob Koch. Die Pagen, ein von Bünau und ein von Stutternheim, wurden von dem Pagenhofmeister Magister Dietrich unterrichtet, dem späteren Pastor von Sundhausen. Weiterhin gab es den Sekretär Gottfried Benedictus Metzel und Mademoiselle Perdrisotto, die anscheinend die Gouvernante der Prinzessin war. Für das Wohlergehen der Herzogin sorgte der Hof- und Reisefourier Johann Gottlieb Löffler, der ebenfalls als Hoftrompeter auftrat. Ihm zur Seite stand Johann Christian Müller. In der Küche sorgten für das leibliche Wohl die Mundköche Sebastian Roth und Kirst, die Küchenmagd Buchtin, ein Laufmädchen und ein Bratenwender. Die Tafel deckte der Kanzleikopist Johann Bernhard Friedland, als Mundschenk betätigte sich Christian Gottlieb Täubner. Der Weinküfer Johann Christian Hentschel war für den Keller verantwortlich. Der Wagenaufseher Georg Pfeiffer sorgte für eine gute Equipage,

während die Vorreiter Johann Michael Schuster und Georg Liebau bei Ausfahrten auf Ordnung auf den Straßen achteten. Die Kutscher Beyer und Scheibe garantierten der Herzogin sichere Fahrt. Als weiteres Dienstpersonal standen zur Verfügung: Gebhart, Seyffert, Georg Klein, Hirschfeld, Ritter, der Heyduck Baumgart, der Kammerdiener und Leibschneider Schulze, der Läufer Richter, ein Garderobenmädchen, ein Laufmädchen, eine Silberwäscherin. Der Hausknecht Nietsch sorgte für Ordnung und Sicherheit. Der Kunst- und Lustgärtner Funke bearbeitete die beiden zum Schloss gehörenden Gärten. Eine beachtliche Anzahl von Menschen fand also Arbeit durch die Hofhaltung der Herzogin. Die Langensalzaer Gewerbebetreibenden konnten ihre Waren gut absetzen. Der Beichtvater der Herzogin war Magister Hedenus, Diakonus an der Marktkirche, der 1740 eine neue Ausgabe des Langensalzaer Gesangbuches veranlasste. Die Ausgaben des Gesangbuches von 1756 und 1772 enthalten das Bild der Herzogin Friederike. Die Wohnräume des Schlosses und die Gartenanlagen genügten den Anforderungen bald nicht mehr. Friederike entschied sich für den Kauf von Grundstücken auf dem Teiche. Sie ließ 1749 bis 1751 ein Sommerpalais mit Park errichten, heute das Friederikenschlösschen genannt. Leider hatte sie zunächst wenig Freude daran, denn am 04.07.1751 starb ihre einzige Tochter Friederike Adolphine durch Schlagfluß. Ein großer Verlust für die nun Alleinstehende. Ihr Hofstaat verkleinerte sich ebenfalls. Trotz des persönlichen Leidens interessierte sich die Herzoginwitwe für die Belange der Stadt und war sehr wohltätig, besonders während des Siebenjährigen Krieges 1756-1763, der großen Feuerbrunst 1768 und der Hungerjahre 1771-1772. Das Waisenhaus unterstützte sie regelmäßig, ihm vermachte sie in ihrem Testament 500 Taler. Friederike lebte 29 Jahre im Witwenstand. Gelegentlicher hoher Besuch brachte etwas Abwechslung in ihr Leben. An den Familientagen, wenn Geschwister sie besuchten, feierten sie ein herzliches Wiedersehen, so im September 1770, als ihre Schwester Auguste, die verwitwete Prinzessin von Wales, nach Langensalza kam. Im Juli 1768 veranstaltete sie in ihrem Garten ein riesiges Feuerwerk, an dem auch die Bevölkerung seine Freude hatte. Nachdem das Feuerwerk erloschen war, sagte sie zu den Bürgerinnen: „Ihr Weiber, geht nun nach Hause und besorgt eure Wirtschaft!" Sicherlich eine Äußerung ihres praktischen Sinnes. Friederike, die oft kränkelte, starb am 12.05.1775 nach kurzer Brustkrankheit in Langensalza. Die Hofgemeinde und die Bürger der Stadt nahmen voller Trauer Abschied von ihr. Am 30.05., abends 10.00 Uhr, wurde ihr Leichnam nach Weißenfels abgeführt, bis zum Ortsausgang begleitet von einer großen Prozession mit 120 Fackeln. Sie wurde in der Fürstengruft zu Weißenfels beigesetzt. Das Sommerpalais mit dem sachsen-weißenfelsischen und sachsen-gothaischen Allianzwappen erinnert uns an die Herzoginwitwe, an ihr Dasein und Wirken in Langensalza.

Würdigung: Friederikenschlösschen, Haus des Gastes und Veranstaltungszentrum.

(Quelle: Stadtarchiv, Archivbücherei, Nr. 26; Gutbier, Hermann, Häuserchronik, Teil 3, Herzogin Friederike von Sachsen-Weißenfels geb. Prinzessin von S.-Gotha und Altenburg)
Buchtipp: Katrin Mörstedt: *„Friederike, Prinzessin von Sachsen-Gotha-Altenburg und letzte Herzogin von Sachsen-Weißenfels 1715-1775"*, Verlag Rockstuhl, 2001.

Fries, Ida
Wohltäterin
geboren am 10.10.1848 in Heidelberg
gestorben am 26.12.1938 in Langensalza
Tochter des Kaufmanns Heinrich Ludwig Friedrich Karl Fries und seiner Gattin Dorette geb. Weiß. Sie war eine stille Wohltäterin der Armen und Notleidenden, so stiftete sie der Stadt 100.000 Mark. Das Geld wurde zur Errichtung des städtischen Schlachthofes verwendet. Ida Fries wurde 1893 Besitzerin des früheren Lustschlosses Friederikenberg.
(Quelle: *Stadtarchiv, Persönlichkeiten Nr. 36; Hermann Gutbier, Baugeschichte der Stadt Langensalza)*

Frobenius, Hermann Theodor
Superintendent
geboren am 08.03.1808 in Erfurt
gestorben am 20.11.1868 in Merseburg
Weilte von 1835-1846 in Langensalza und war hier Oberfarrer und Superintendent. 1837 schuf er als Pfarrer neue Regelungen für die drei Jahre zuvor entstandene Kleinkinderschule, gründete den Verein zum „Schutz verwahrloster Kinder" und 1839 einen Missionshilfeverein. Er setzte sich bei der Gestaltung des Schulwesens ein. Mit 23 Jahren wurde er Pfarrer in der Andreaskirche in Erfurt und erteilte als Oberlehrer Unterricht. 1835-1844 Oberpfarrer und Superintendent in Langensalza. 1844 ging er nach Merseburg und wurde dort erster Domprediger.
(Quelle: Stadtarchiv, Persönlichkeiten)

Göschel, Karl Friedrich
Philosoph, Jurist, Chronist
geboren am 07.10.1784 in Langensalza
gestorben am 22.09.1861 in Naumburg
Er ist geboren auf dem Schloß Dryburg und war der Sohn des Kursächsischen Amtmanns und Hofrates Christian Friedrich Göschel. Besuch des Gymnasium in Gotha; 1803-1806 Jurastudium in Leipzig. Nach seiner Rückkehr in die Heimatstadt wurde er Rechtsanwalt und Verwalter mehrerer Patrimonialgerichte in den umliegenden Ortschaften; Stadtsyndikus in Thamsbrück und Senator in Langensalza. Schrieb die Chronik der Stadt Langensalza und zahlreiche weitere wissenschaftliche Werke, z. B. „Geschichte des Langensalzaer Gesangbuches"; 1818 erschienen die Bände 1 und 2 seiner „Chronik der Stadt Langensalza", bis 1848 die Bände 3 und 4. Er wirkte als Landgerichtsrat in Naumburg und zuletzt als Präsident des Consistoriums der Provinz Sachsen in Marburg. 1834 begann seine Tätigkeit im Justizministerium in Berlin. 1845 wurde er zum Mitglied des Staatsrates ernannt, kurz danach zum Konsisto-

rialpräsidenten der Provinz Sachsen. 1848 schied er aus seinem Amt aus und lebte bis zu seinem Tode in Naumburg. Er galt in der ersten Hälfte des vorigen Jahrhunderts als bedeutender Jurist, Philosoph, Theologe und Literat. Er führte eine ausgedehnte Korrespondenz mit Johann Wolfgang von Goethe, Georg Wilhelm Friedrich Hegel u. v. a. Göschel war verheiratet mit Emilie Gräeser, der Tochter des Fabrikanten Christoph Heinrich Graeser. 1860 ernannte ihn die Stadt Langensalza zum Ehrenbürger.
(Quelle: Stadtarchiv, Langensalzaer Bibliographie von Mittelschulrektor i. R. D. Dietrich 1939, Persönlichkeiten, Bad Langensalzaer Wochenblatt vom 13.11.1991; Hermann Gutbier, Häuserchronik Nr. 6)
Buchtipp: Carl Friedrich Göschel: *Chronik der Stadt Langensalza in Thüringen. Band 1 (Von den Anfängen bis 1346), Band 2 (1346-1648), Band 3 (1648-1711), Band 4 (1711-1818), Verlag Rockstuhl, 2001-2003.*

Graeser, Hermann
Fabrikbesitzer, Rittergutbesitzer
geboren am 09.07.1797 in Langensalza
gestorben am 29.05.1867 in Merxleben
Nach dem Tode seiner Mutter, Dorothea Graeser, übernahm Hermann Graeser im Alter von 28 Jahren die Firma „C. Graesers Wwe. & Sohn" Er war Firmeninhaber, Meister und Mitglied der Tuch-, Zeug- und Raschmacherinnung. Hermann schuf neue maschinelle Anlagen für die Herstellung baumwollener Strickgarne. Er besuchte regelmäßig die Messen und bemühte sich, sein Unternehmen modernen Bedürfnissen anzupassen. Eine Spezialität der Firma waren „Talasse", jüdische Gebetmäntel, die in Deutschland und Polen sehr begehrt waren. Hermann Graeser kaufte 1834 das Rittergut Merxleben. Er suchte berufliche Unterstützung und nahm 1836 seinen Schwager Robert Theyson aus Eisenach als Teilhaber auf. Hermann, der mit Sophie Theyson verheiratet war, hatte mit ihr sieben Kinder, drei davon waren Söhne. Um seine eigene Zukunft besser abzusichern, trat Robert Theysen 1848 aus der Firma aus und kaufte eine Zigarrenfabrik in Hannover, die günstig angeboten wurde. Am 01.06.1857 übergab Hermann Graeser nach 50 Jahren Geschäftsleitung die Firma seinem ältesten Sohn Hugo und Schwiegersohn Friedrich Hahn. Er bewirtschaftete noch 10 Jahre bis zu seinem Tode das Rittergut Merxleben.
(Quelle: Stadtarchiv, P 44, Erinnerungsblatt zur Feier des 100-jährigen Jubiläums der Firma C. Graesers Wwe. & Sohn, Langensalza)

Graeser, Hugo
Fabrikbesitzer
geboren am 12.12.1828 in Langensalza
gestorben am 14.03.1892 in Langensalza
Seine schulische Erziehung erlebte Hugo in Langensalza und Gotha. Er hatte eine strenge Ausbildung bei einem Färbermeister in Glauchau. Nach der Rückkehr nach Langensalza unterstützte er seinen Vater im Geschäft, war im Interesse der Firma viel auf Reisen, konnte deren Produkte vermarkten und neue Erfahrungen sammeln. Am 01.06.1857 übernahm er zusammen mit seinem Schwager Friedrich Hahn die Fabrik. Hugo Graeser leitete den technischen Bereich, Friedrich

Hahn war für den kaufmännischen Teil verantwortlich. Unter ihrer Führung wurde der Betrieb modernisiert und vergrößert. Eine Hochdruckdampfmaschine nebst Kessel wurde in einem kleinen Fabrikgebäude auf dem Hof der Herrenstraße 1 aufgestellt, mechanische Webstühle und andere neue Maschinen bereicherten die maschinelle Einrichtung. Das neue Unternehmen hatte viel Erfolg, die hergestellte Ware war erstklassig und hatte weitere Absatzgebiete in Schleswig-Holstein, Mecklenburg und Hannover gefunden. Der erfolgreiche Unternehmer Hugo Graeser starb nach schwerer Krankheit 1892, sein Sohn Hermann wurde Nachfolger und übernahm die Firma.
(Quelle: Stadtarchiv, P 44, „Erinnerungsblatt zur Feier des 100-jährigen Jubiläums der Firma C. Graesers Wwe. & Sohn", Langensalza)

Graeser, Johanna Dorothea Marie
Unternehmerin in der Seidenweberei
geboren am 01.07.1769 in Langensalza
gestorben am 27.01.1825 in Langensalza
Dorothea Graeser, geborene Ziegler, war eine mutige und durchsetzungsfähige Frau. Sie hatte 1791 den Fabrikanten Johann Carl Christoph Graeser geheiratet, der Teilhaber der Firma „Gräesers Erben" war, die er zusammen mit seinem Bruder Johann Gottlieb Graeser führte. Am 24.09.1802 starb er im Alter von nur 36 Jahren. Seine Witwe, Dorothea Graeser, blieb mit zwei unmündigen Kindern zurück, Karoline und Hermann. Nach dem Tode seines Bruders führte Johann Gottlieb Graeser zusammen mit Schwägerin Dorothea fünf Jahre lang den Betrieb gemeinsam. Die Witwe wollte ihrem Sohn das Geschäft erhalten. 1807 erfolgte die Aufteilung des gemeinschaftlichen Eigentums. Zwei Häuserkomplexe wurden gebildet, Herrenstraße 1 und das „Blaue Haus". Auf Wunsch der Witwe sollte das Los darüber entscheiden, wer welchen Anteil bekam. Der 10-jährige Sohn Hermann zog das Los und erhielt Herrenstraße 1. Unter dem Namen „C. Graesers Wwe. & Sohn" lief die Firma ab 01.06.1807 weiter. Dorothea war eine entschlossene, energische Frau. Sie stammte aus einer alten Langensalzaer Tuchmacherfamilie und hatte entsprechende Kenntnisse. Sie leitete das Geschäft sehr umsichtig, war über die Geschäftsvorgänge orientiert und traf alle wichtigen Anordnungen selbst. Ihre Durchsetzungsfähigkeit beweist folgende Episode. „Bei einer Inventur hat ein Buchhalter ihrer Ansicht nach etwas falsch gemacht und dies nicht eingesehen. Er soll wohl auch etwas patzig gesagt haben, das verstände sie nicht, damit könne sie nicht umgehen. Darauf hat sie das Hauptbuch genommen und ihm um den Kopf geschlagen und gesagt: „Da sieht Er, daß ich damit umgehen kann."

Sie starb im Alter von 56 Jahren.
(Quelle: Stadtarchiv, P 44, Erinnerungsblatt zur Feier des 100-jährigen Jubiläums der Firma „C. Graesers Wwe. & Sohn", Langensalza; D309, Chronik des Geschlechts der Ziegler 1378-1928)

Günther II. von Salza
geboren um 1253
gestorben am 05.11.1322
Er gehörte zu den Edelherren von Salza auf Dryburg zu Langensalza und ließ 1274 das Hospital St. Georgi fertigstellen. Er war ein Ritter ohne Furcht und Tadel und hatte sich nicht, wie viele seiner Zeitgenossen mit unrechtem Gut bereichert, 1296 stellvertretender Hauptmann der allgemeinen Friedensgerichte. Durch seine erste Heirat mit Kundigunde von Frankenstein aus dem mächtigen Dynastiengeschlecht der Buchonia, kam er in den Besitz des Schlosses Altenstein im Thüringer Wald. In der Bergkirche in Bad Langensalza befindet sich der Grabstein von Günther von Salza. Er ist der Stifter des Augustiner-Eremiten-Klosters zu Langensalza im Jahre 1280.
(Quelle: Hermann Gutbier, Grabdenkmäler der Bergkirche zu Langensalza)

Günther, Georg F. A. Dr.
Philologe
geboren am 06.05.1802 in Gotha
gestorben am 26.04.1865 in Langensalza
Studien an verschiedenen deutschen Universitäten. Er zog später er nach Langensalza und errichtete 1839 eine „Sonntagsschule für schulentwachsene Knaben", um den Kindern einkommensschwachen Eltern eine Möglichkeit zu schaffen, sich auch nach den obligatorischen sieben Schuljahren weiterzubilden. Ebenfalls führte er Abendkurse zum Erlernen der englischen Sprache ein. Er war verheiratet mit Martha Marie, geborene Zeys und hatte drei Kinder. 1845 Gründung des „Gewerbeverein zu Langensalza", Bildung eines „Hilfefonds für bedrängte Handwerker". Aus diesem Hilfsfonds erwuchs später der „Langensalzaer Vorschußverein", der im Raum Thüringen eine Vorbild- und Signalwirkung hatte. Günther war Autor von wissenschaftlichen Werken und Schulbüchern, z. B. „Welche Hoffnung knüpft die Sonntagschule an unseren Gewerbeverein?" 1844 veröffentlichte er die Schrift „Magazin zur Tierarzeneikunde", „Homöopathischer Tierarzt", „Größenlehre".

(Quelle: Holger Schneider, Mitteldeutsche Allgemeine vom 05.01.1994 - Menschen an Unstrut und Hainich; Hermann Gutbier, Häuserchronik Heft 13/14)

Gutbier, Hermann
Heimatforscher, Stadtarchivar, Ehrenbürger
geboren am 20.02.1842 in Langensalza
gestorben am 08.05.1936 in Langensalza
Er entstammte einem alten bekannten Langensalzaer Bürgergeschlecht, das bereits um 1350 in der Stadt ansässig wurde. Bis Ostern 1896 war er Lehrer an der damaligen Bürgerschule, später an der höheren Töchterschule. 1866 erlebte er als Augenzeuge die Schlacht bei Langensalza, welche er in der Schrift „Der letzte Bruderkampf an der Unstrut am 27.06.1866" beschrieb. Nach seinem Eintritt in den Ruhestand wurde er als Stadtarchivar berufen. Durch seine Liebe zur Natur sammelte er auf seinen Streifzügen heimatgeschichtliches Material. Seine Forschungen und Erkenntnisse spiegeln sich wider in den unzähligen familiengeschichtlichen Aufzeichnungen der Bürger von Langensalza und Umgebung. Werke u. a. „Baugeschichte der Stadt Langensalza", „Die Grabdenkmäler der Bergkirche", „... der Marktkirche", „Der letzte Bruderkampf an der Unstrut nach eigenen Erlebnissen und Beobachtungen", „Lebensgeschichte von Klopstock, Keil, Hufeland, Wiegleb und Hermann von Salza" und vor allem sein Hauptwerk, die 17bändige Häuserchronik von Langensalza. 1908 Ernennung als Mitglied der Akademie gemeinnütziger Wissenschaften in Erfurt, zum korrespondierenden Mitglied des Erfurter Geschichtsvereins sowie zum Ehrenkorrespondenten der geologischen Landesanstalt Berlin. 1912 Ehrenbürger der Stadt Langensalza. Mitglied einer Anzahl gemeinnütziger Vereine, u. a. auch des Mühlhäuser Geschichtsvereins.

Würdigung: Ehrenbürger der Stadt Langensalza, Gutbierstraße, Gedenktafel am Geburts- und Wohnhaus in der Neustädter Straße, Sonderausstellung über Leben und Werk Hermann Gutbiers im Heimatmuseum 1996, Broschüre von Waltraud Laeschke, „Hermann Gutbier - Leben und Werk des verdienstvollen Heimatforschers, Chronisten und Ehrenbürger der Stadt Bad Langensalza", Einweihung des Gutbier-Denkmals auf der Harth, Herausgabe einer Silbernen Gedenkmedaille zum 60. Todestag von Hermann Gutbier.
(Quelle: Waltraud Laeschke, Hermann Gutbier - Leben und Werk des verdienstvollen Heimatforschers, Chronisten und Ehrenbürger der Stadt Bad Langensalza)

Gutbier, Hermann
Buchhändler, Heimatforscher
geboren am 21.01.1862 in Langensalza
gestorben am 22.06.1930 in Berlin (Steglitz)
Sohn des Kaufmannes Louis Eduard Gutbier, besuchte 1867 bis zur 3. Klasse die hiesige Bürgerschule, dann bis 1877 das Realgymnasium. Von 1877-1879 Realschule in Arnstadt, 1879-1881 Lehrzeit in der Buchhandlung von Karl Gläser in Gotha. Von 1881-1882 war er Gehilfe im Fuis' Verlag in Leipzig und arbeitete später in der Im- und Exportbuchhandlung. In den Jahren 1885-1887 war er in Mühlhausen in Thüringen tätig. In Berlin machte er eine Ausbildung in der Buchdruckerei. Seit 01.04.1890 war er selbstständiger Geschäftsinhaber in Berlin, zuletzt Buchhändler und Antiquar in Steglitz. 40 Jahre sammelte er Heimatliteratur für seine Heimatstadt. Sein bibliographisches Repertorium über die Geschichte der Stadt Langensalza, seine berichtigende Überarbeitung der Göschelschen Chronik, das umfassende Verzeichnis der Quellenwerke der meißn. und thüringischen Geschichte, Einzelbiographien, Fragmente aus der Langensalzaer Stadt- und Kreisgeschichte sind als Vorarbeit zu betrachten. Aus seiner Feder stammen u. a. die gedruckten Aufsätze „Das Ratsarchiv zu Langensalza", über die alten Chroniken der Stadt, nebst handschriftlichen Nachtrag. Er schrieb „Über das Boten- und Postwesen", veröffentlichte verschiedene Aufsätze, als deren Verfasser er sich aus Bescheidenheit nicht nannte.
Seinen Freunden Gustav und Hermann Schütz leistete er bei der Herausgabe ihrer Stadtchronik von Langensalza im Jahre 1900 große Dienste, so dass ihm diese „als ihrem Freunde und eifrigen Mitarbeiter" das Werk widmeten.
Er überließ der Stadt Langensalza Schriften und Bilder berühmter oder verdienstvoller Männer und Frauen, Bildnisse u. a. von Teilnehmern am Gefecht bei Langensalza 1761, am Kampfe bei Langensalza 1866, eigenhändige Briefe und Stammbuchblätter berühmter Männer aus Stadt und Kreis Langensalza, Dokumente und eigenhändige Unterschriften der Herzöge von Sachsen-Weißenfels, Ansichten von Langensalza, Tennstedt, Altengottern, Karten von Thüringen, Langensalza, Gefechtspläne von 1866 u. v. a., Bibliothek, Bilder, Münzen und Wappensammlung.
(Quelle: Stadtarchiv, Langensalzaer Allgemeiner Anzeiger vom 22.01.1931)

Hagenguth, Ernst
Schützenmeister
geboren am 08.02.1852 unbekannt
gestorben am 29.07.1935 unbekannt
Hagenguth trat im Juni 1881 als Mitglied in die Schützengilde, 1900 wählte ihn die Generalversammlung zum 1. Schützenmeister. Unter seiner Leitung wurde das Schützenhaus gebaut. 1923 Ernennung zum Ehrenschützenmeister.
(Quelle: Stadtarchiv, Persönlichkeiten; Kirchenarchiv)

Hahn, Anna
Wohltäterin
geboren am 23.12.1831 in Langensalza
gestorben am 15.08.1891 in Wiesbaden

Anna war die älteste Tochter des Fabrikbesitzers Hermann Gräser. Gattin des späteren Teilhabers Friedrich Hahn. Anna Hahn Stiftung (1895); durch ihre Stiftung entstanden die Kinderverwahranstalt und die Wohnanlage für ältere Leute. *(Quelle: Stadtarchiv, Für Stadt und Land, 27.09.1930)*

Hahn, Friedrich
Ehrenbürger, Fabrikteilhaber
geboren am 28.06.1827 in Wiesbaden
gestorben am 11.11.1911 in Wiesbaden
Lehre bei der Firma Graeser Witwe & Sohn, Eintritt in eine Tuchgroßhandlung in Schmalkalden. Er heiratete 1854 die älteste Tochter des Fabrikbesitzers Hermann Graeser und übernahm 1857 mit seinem Schwager, dem Fabrikbesitzer Hugo Graeser sen. die Firma in Langensalza.

1886 trat er nach 30-jähriger Tätigkeit aus der Firma aus und zog mit seiner Frau nach Wiesbaden. Die Ehe war kinderlos. Durch die Friedrich Hahnsche Stiftung wurde die Städtische Badeanstalt gebaut. Am 24.02.1906 ernannte ihn die Stadt zum Ehrenbürger. Die größte Stiftung, die der Stadt zugefallen ist, war nach dem Ableben Friedrich Hahns. Er hat die Stadtgemeinde Langensalza testamentarisch zur alleinigen Erbin eingesetzt. Nach allen Abzügen beruhte sich die Erbmasse auf rund 597.700 Mark. Anna und Friedrich Hahn waren beide hochherzige Wohltäter der Stadt.
Würdigung: Friedrich-Hahn-Straße
(Quelle: Stadtarchiv, Für Stadt und Land - Heimatbeilage 19.12.1931; Persönlichkeiten)

Hardenberg, Friedrich Freiherr von
Dichter - Pseudonym: **Novalis** (der Neuland Bebauende)
geboren am 02.05.1772 in Oberwiederstedt
gestorben am 25.03.1801 in Weißenfels
Novalis, sein richtiger Name lautet Georg Philipp Friedrich Freiherr von Hardenberg, war ein hervorragender Vertreter der deutschen Frühromantik. Er war das zweite von sieben Kindern des Freiherrn Heinrich Ulrich Erasmus von Hardenberg und dessen Frau Bernhardine Auguste geb. von Bölzig. Sein Vater war Bergfachmann, Offizier und Landwirt. Die Familie zog 1785 nach Weißenfels, als der Vater Direktor der kursächsischen Salinen Dürrenberg, Kösen und Artern wurde. Hardenberg besuchte das Luthergymnasium in Eisleben, interessierte sich für Naturwissenschaften, Sprachen und Literatur. In den Jahren 1790-1794 studierte er Jura an den Universitäten in Jena, Leipzig und Wittenberg. Er war befreundet

mit Friedrich Schlegel, der ihn so beschrieb: „Ein noch sehr junger Mensch - von schlanker guter Bildung, sehr feinem Gesicht mit schwarzen Augen, von herrlichem Ausdruck, wenn er mit Feuer von etwas Schönem redet." *(Quelle: Günzel, Klaus, Romantikerschicksale)*
Nach Abschluss des Examens kam er am 08.11.1794 nach Tennstedt. Beim Kreisamtmann Just, der auch sein väterlicher Freund wurde, erhielt er die praktische Ausbildung als Aktuarius. Im nahegelegenen Langensalza nahm er beim Chemiker Wiegleb in dessen privater Lehranstalt kurzzeitig Unterricht in der Halurgie. Auf einer Dienstreise nach Grüningen lernte er am 17.11. Sophie von Kühn kennen, ein erst 12-jähriges Mädchen. Hardenberg verliebte sich in Sophie, mit der er sich sehr schnell verlobte. Das junge Mädchen erkrankte schwer an einem unheilbaren Leberleiden und starb am 19.03.1797. Hardenberg war tief erschüttert, von Todessehnsucht erfüllt. Seine Empfindungen schrieb er in den „Hymnen an die Nacht" nieder. Von 1797-1799 studierte er an der Bergakademie in Freiberg Bergwerkskunde. Im Hause des Geologen von Charpentier lernte er dessen 22-jährige Tochter Julie kennen. Sie verlobten sich 1778. Während dieser Zeit widmete er sich unter dem Pseudonym Novalis seinem literarischen Schaffen. Der unvollendete Roman „Heinrich von Ofterdingen" ist der bedeutendste Prosatext des Romantikers. Am 07.12.1799 erfolgte seine Ernennung zum Salinen-Assessor in Weißenfels. Gesundheitliche Beschwerden lähmten seinen weiteren Werdegang. Nach schwerer Krankheit erlag er mit 28 Jahren einer Lungentuberkulose. Schloss Oberwiederstedt, das Geburtshaus des Dichters, ist heute eine Forschungsstätte für Frühromantik.
Am 25.03.2001 begehen wir seinen 200. Todestag.
Würdigung: in Bad Tennstedt: Gedenktafel am Amtshaus, Novaliszimmer im Haus des Gastes, Novalisschule; Sein Geburtshaus in Oberwiederstedt ist eine Forschungsstätte für Frühromantik und Novalis-Museum, Gründung einer Internationalen Novalis-Gesellschaft e. V. 1992)
(Quelle: Günzel, Klaus, Romantikerschicksale, Enzyklopädie Encarta 97.
Gemälde von Franz Gareis.)

Heintze, Johann Michael Dr. med.
(VI. Generation) Amtsphysikus, Stadtkämmerer
geboren am 12.09.1658 Ort unbekannt
gestorben am 05.01.1743 in Langensalza
Medizinstudium, 1687 Dissertation, war dreimal verheiratet und hatte 15 Kinder, lebte und wirkte in Langensalza als Amtspyhsikus von 1700-1743. Ein Ölbild von Johann Michael Heintze befindet sich im Heimatmuseum in Langensalza.
Würdigung: Am 21.05.1993 Enthüllung einer Gedenktafel für die Fam. Heintze an seinem ehemaligem Haus.
(Quelle: Stadtarchiv, Persönlichkeiten Nr. 59)

Heintze, Johann Michael
(VII. Generation) Pädagoge
geboren am 21.03.1717 in Langensalza
gestorben 1790 in Weimar
Sohn des Amtspysikus Johann Michael Heintze, wirkte als Rektor der Michaelis-Schule in Lüneburg. 1741 kehrte Heintze wieder nach Langensalza zurück, und hier erwachte seine Liebe zur humanistischen Literatur erneut. 1744 ging er nach Göttingen, um Gessners Unterricht in der Philologie zu nutzen. Später war er dann Hauslehrer bei dem berühmten Vizepräsidenten Strube in Hannover. 1749 war Heintze Conrector in Lüneburg an der Michaelis Schule, dann Direktor des Gymnasiums zu Weimar, wo er auch Christian Wilhelm Hufeland unterrichtete. In Weimar war er 20 Jahre tätig und veröffentlichte zahlreiche Schriften. 1770 Berufung als Konsistorialrat und Direktor des Wilhelm-Ernst-Gymnasium in Weimar, arbeitete dort eng mit Johann Gottfried Herder zusammen, er wirkte als Schulleiter und Altphilologe und gab zahlreiche Veröffentlichungen heraus.
(Quelle: Stadtarchiv, Persönlichkeiten Nr. 59, Personengeschichte D 101)

Hellgrewe, Joachim
Maler
geboren am 31.12.1887 in Berlin
gestorben am 30.03.1956 in Langensalza
Sohn des Landschaftsmalers Professor Rudolf Hellgrewe; nach dem Erlernen des Malerhandwerkes folgten Studien im Atelier des Vaters; Besuch der Schule für freie und angewandte Kunst in Berlin; arbeitete mit Professor Kutschmann zusammen an der Ausführung staatlicher Aufträge, so z. B. erfolgten Arbeiten an Rathäusern, Staatsgebäuden und Kirchen. 1908/1912 Studium an den Vereinigten Hochschulen in Berlin; war mehrere Jahre Kirchenmaler (Altare, Gemälde), ab 1919

freischaffender Künstler und Restaurator in Langensalza; 1928 Berufung zum stellvertretendern Werkstattleiter, zum Konservator der Provinz Sachsen in Halle; wirkte in vielen Kommissionen mit. Von 1945-1956 freischaffender Maler und Restaurator in Langensalza. Hellgrewe war ein Kenner alter Kunst, der sein ganzes Leben der Pflege und Erhaltung von Kulturgütern widmete. Es gibt von ihm auch eine Reihe weniger bekannter Werke, die in Form und Farbe modern abgefasst sind, also der Kunst des 20. Jh. entsprechen. Landschaftsmalereien, die für ihn typisch sind, haben einen starken Stimmungsgehalt, den er durch die reiche Tonskala seiner „farbigen Grau's" erzielte. Das Kompositionsprinzip seiner Bilder besteht in der spannungsreichen Wechselbeziehung von Detail und Fläche. Seine besondere Liebe galt der weiträumigen Landschaft, bei der er den Betrachter des Bildes in weite Fernen schauen läßt. Seine letzte große Arbeit war die Freilegung der Decke im Nonnenchor der Marktkirche. Bis kurz vor seinem Tod arbeitete er außerdem an den Deckenmalereien der Gottesackerkirche in Langensalza. Das letzte Bild, die Umrandung, ist vorgezeichnet, blieb unvollendet.
(Quelle: Gisela Münch, Historische Persönlichkeiten)

Hermstädt, Johann Simon
Musiker, Klarinettist
geboren am 29.12.1778 in Langensalza
gestorben am 10.08.1846 in Sondershausen
Sohn des Musikers und Mitgliedes der Kapelle vom Regiment Prinz Clemens, Johann Heinrich Ludwig Hermstädt Er trat frühzeitig dem gleichen Musikkorps bei, in dem sein Vater Musiker war. Dort erlernte er mehrere Instrumente. 1799 musizierte er an Stelle seines Vater im Regiment der Prinz-Clemens-Dragoner in Langensalza. Mit 22 Jahren wurde er Leiter dieser Kapelle. Hermstädt brillierte mit meisterhaften musikalischen Darbietungen und entwickelte sich zu einem bedeutenden Klarinettisten. Er war befreundet mit Louis Spohr, der für ihn seine vier Klarinettenkonzerte schrieb. 1810 wurde er Musikdirektor, 1824 Kapellmeister und 1835 zum Kammermusicus ernannt. Kurz nach der Jahrhundertwende übernahm er in der Residenzstadt Sondershausen die Leitung des Hautboistenkorps (hautbois = Holzblasinstrument) und die Direktion der Hofkapelle, wodurch er zum Mitbegründer des traditionsreichen Lohorchesters wurde. Er komponierte und spielte selbst Militärmusik. Hermstädt galt als einer der hervorragendsten Klarinettisten seiner Zeit. 1839 legte er sein Amt als Hofkapellmeister nieder.
(Quelle: Gisela Münch, Historische Persönlichkeiten)

Hesse, Otto
Sportler
geboren am 02.11.1879 in Ufhoven
gestorben am 30.08.1942 in Minden
Er war ein hervorragender Turner von Jugend auf. 1903 erlangte er bei der Kaiserlichen Marine eine persönliche Auszeichnung durch den damaligen Kaiser Wilhelm II., später Ausbildung zum Ingenieur. Hesse war außerdem auch ein sehr eifriges Mitglied des Turnklubs Hannover und des Turnvereins in Kattowitz in Oberschlesien. Nach 20-jähriger Tätigkeit in Oberschlesien kam er nach Westfalen, wo er als

Sportsmann erfolgreich tätig war. Bei fast allen Deutschen Turnfesten in München, Frankfurt, Leipzig und anderen Orten kehrte er als Sieger zurück. Kurz vor Vollendung seines 60. Lebensjahres erhielt er in seiner Altersklasse den ersten Preis in drei Kilometer Langstreckenschwimmen in der Weser bei Minden. Für seine Verdienste wurde ihm der Ehrenbrief des Reichsbundes für Leibesübungen verliehen. Er wirkte in Westfalen als Stadtrat und Beigeordneter. Hesse hielt durch die Heimatgemeinschaft Rosendorf Ufhoven stets Verbindung zu seinem Geburtsort.
(Quelle: Stadtarchiv, Rosendorf Ufhoven, Dorfbuch, 2. Band)

Heym, Fritz
geboren am 05.10.1915 in Langensalza
gestorben am 21.06.1998 in Langensalza

von Beruf Offsetdrucker; veröffentlichte 1932 als 17-jähriger eine gesellschaftliche Skizze in der Erfurter Zeitung „Tribüne". Im 2.Weltkrieg war er Funker auf einem U-Boot. Er war langjähriger Lokalredakteur in Bad Langensalza und anderen Thüringer Kreisstädten und schrieb zahlreiche Kurzgeschichten und Erzählungen. Einige davon wurden bei zentralen Wettbewerben ausgezeichnet. Der Mitteldeutsche Verlag veröffentlichte im Rahmen einer Anthologie eine größere Erzählung von ihm, die auch vom Berliner Rundfunk ausgestrahlt wurde. Seit 1980 widmete er sich unter anderem der Arbeit an einer literarisch gestalteten Autobiographie, deren erster Teil die Zeit zwischen den beiden Weltkriegen umfasst. Erzählungen von ihm, veröffentlicht durch den Verlag Rockstuhl, waren u. a. „Das Geheimnis der Mühle am Hainich" und „Der große Brand". Am 21.06.1998 kam er durch einen Verkehrsunfall ums Leben. (Harald Rockstuhl)

Buchtipp: Zwei Langensalzabücher - *„Der große Brand"* und *„Die Mühle im Hainich"*, Verlag Rockstuhl, 1998.

Hoepel, Gustav
Ehrenbürger
geboren am 12.02.1834 in Mühlhausen
gestorben am 26.03.1922 Ort unbekannt
Hoepel kam in jungen Jahren nach Langensalza. 1887 wurde er Senator. Von 1880-1886 hatte er ein Amt eines Armenpflegers und Waisenrats inne. 1879 Wahl zum Stadtverordneten, 1887 Senator. 1905 wurde ihm der Titel „Stadtältester" verliehen, erhielt für seine Verdienste den Kronen-Orden IV. Klasse. Im Jahre 1910 erhielt er

als Anerkennung und Würdigung seiner Verdienste die höchste Auszeichnung seitens des Magistrats und der Stadtverordneten, das Ehrenbürgerrecht.
(Quelle: Stadtarchiv, Personengeschichte D 101)

Höpfner, Nikolaus
Der letzte Abt des Klosters Homburg und Bürgermeister von Langensalza
geboren 1504 in Thamsbrück
gestorben am 10.09.1581 in Langensalza
Mit 13 Jahren Ausbildung im Kloster Homburg, auf Grund seiner Kenntnisse und Fähigkeiten wurde er mit dem Amt eines Schaffners beauftragt. Er besaß die Aufsicht über den Ackerbau und hatte für die Beköstigung der Klosterinsassen zu sorgen. 1535 erlangte er die Abtswürde. 1538 Immatrikulation an der Universität Erfurt, 1555 bis 1581 Bürgermeister in Langensalza. Später trat er zum Protestantismus über. War verheiratet mit Dorothea Lämmchen, der Besitzerin des „Blauen Hauses" am Ziegelhof und hatte elf Kinder. 1581 wurde er in der Bonifaciuskirche beigesetzt. Das heute noch vorhandene hölzerne Epitaphium zeigt bildlich, wie dem blinden Tobias die Augen geöffnet werden. Es soll einen bildlichen Vergleich zu Höpfners Leben darstellen: Als vormaliger Abt der römisch-katholischen Kirche wurde er durch das Licht des Evangeliums sehend.
(Quelle: Gisela Münch, Historische Persönlichkeiten)

Holtz, Johannes
Professor, Lehrer
geboren am 28.10.1873 in Magdeburg
gestorben am 07.12.1936 Ort unbekannt

Ablegung seiner Reifeprüfung am Domgymnasium in Magdeburg, studierte später Philologie, Germanistik und Religion. Nach dem Staatsexamen verbrachte er die pädagogische Vorbereitungszeit in den Gymnasien in Burg und Erfurt; kurze Tätigkeit als wissenschaftlicher Hilfslehrer in Erfurt und Donndorf. 1903 erhielt er eine Anstellung an der höheren Schule als Lehrer am damaligen Realgymnasium in Langensalza und war dort bis zum Jahre 1927. Er war ein Mann von charaktervollem Wesen, dem hervorragende Geistesgaben zu eigen waren. Durch seine schriftstellerische Tätigkeit hatte Prof. Holtz seiner Schule und der Stadt noch im Ruhestand große Dienste geleistet. Hier ist zunächst seine Schrift „Die Entwicklung der höheren Schule zu Langensalza in den Jahren 1902 bis 1927" zu erwähnen. Als letzte größere Arbeit erschien von ihm die Schrift „Dem Gedächtnis Ch. W. Hufeland". *(Quelle: Stadtarchiv, Persönlichkeiten Nr. 71)*

Hufeland, Christoph Wilhelm
Arzt, Humanist, Ehrenbürger
geboren am 12.08.1762 in Langensalza
gestorben am 25.08.1836 in Berlin
Im Alter von zwei Jahren zog er durch die Berufung des Vaters als Leibarzt der Herzogin Anna-Amalia mit der Familie nach Weimar. Dort besuchte er das Weimarer Gymnasium und nahm dann ein Medizinstudium in Göttingen auf. Später übernahm er die Praxis seines erblindeten Vaters. Im Jahre 1786 führte er mit Erfolg die Schutzimpfung gegen die in Weimar ausgebrochene Pockenepidemie durch. Seine Erkenntnisse veröffentlichte er in Zeitschriften und Büchern. Von der Kurfürstlich-Mainzischen Akademie der nützlichen Wissenschaften zu Erfurt wurde Hufeland als Mitglied ernannt. Nach Jena versetzt, erschien 1797 sein Hauptwerk „Die Kunst, das menschliche Leben zu verlängern" - auch bekannt unter dem Kürzel „Makrobiotik". Mit diesem Werk wurde er weltberühmt - die Schrift erschien sogar in chinesischer Übersetzung. 1800 berief König Friedrich Wilhelm III. Hufeland nach Berlin. Zu dieser Zeit war er bereits in Europa ein weit über die Ärzteschaft hinaus berühmter Mann. Als Leibarzt am preußischen Hof war Hufeland maßgeblich an der Gründung der heutigen Humboldt-Universität beteiligt. Als erster Arzt der Charité galt sein Bemühen der Volksgesundheit und der Seuchenbekämpfung. Er richtete 1810 die erste Poliklinik in Berlin ein. Er entwarf ein Arzneibuch zur sparsamen Therapie: „Es muß immer die Sorge der Gesellschaft sein, die Kranken durch eine Kur nicht arm zu machen". Der König überreichte ihm den Roten-Adler-Orden 1. Klasse mit Eichenlaub - eine seltene Ehrung für einen Gelehrten. Aber die Erhebung in den Adelsstand lehnte er ab. Hufelands naturheilkundliche und diätetische Prinzipien (Diätetik = die Lehre von der gesunden Lebensordnung) wirken bis in die ökologische Bewegung unserer Zeit hinein. Er gilt als einer der Väter der Naturheilkunde, der die Volksheilkunde mit den neuesten Forschungen der Wissenschaft zum Nutzen der Kranken harmonisch verband. Weitere Werke von ihm sind: „Ideen über Pathogenie und Einfluß der Lebenskraft auf Entstehung und Form der Krankheiten (1795)", „Enchimidion medicum oder Anleitung zur medizinischen Praxis, Vermächtnis einer 50-jährigen Erfahrung (1836)" und „Selbstbiographie" (neu herausgegeben 1937).

Würdigung: Ehrenbürger der Stadt Bad Langensalza und Berlin, Hufeland-Krankenhaus, Hufelandhaus, Hufelandstraße, Hufelandschule, Figur im Glockenspiel im Rathaus)
(Quelle: www.persönlichkeiten/hufeland.de, Encarta 99 Enzyklopädie; Jahreskalender Sparkasse Unstrut-Hainich; Stadtarchiv, Personengeschichte Nr. 349)

Janker, Franz
Klavierspieler, Cellist
geboren am 18.07.1897 in Harting/Kreis Regensburg
gestorben am 31.08.1969 in Bad Langensalza
1902 Übersiedlung der Familie nach München. Seit seinem 10. Lebensjahr hatte er Musikunterricht im Klavier- und Violinenspiel. 1903-1910 Besuch der Volksschule. Er sollte Volksschullehrer werden, aber sein Interesse galt der Musik. 1913 kam er nach Langensalza in dic Musiklehre des Musikdirektors Max Krell. Von 1919 war er Musiklehrer in Langensalza und bis 1930 am hiesigen Lichtspieltheater Pianist, seit 1934 Organist an der Bergkirche. Er leitete ab 1932 den Volkschor in Ufhoven und den gemischten Chor. 1959 erhielt Janker vom Konsistorium den Titel „Kantor". Auch die Musik von „Ufhoven mein Heimatdorf" stammt von ihm.
(Quelle: Stadtarchiv, Johannes Kallensee Lgs. Musikgeschichte bis 1900; Lgs. AA vom 22.06.1935)

Johann Adolf II.
Herzog von Sachsen-Weißenfels
geboren am 04.09.1685 in Weißenfels
gestorben am 16.05.1746 in Leipzig
Der Sohn von Johann Adolf I. (1649-1697) und Johanne Magdalene von Sachsen-Altenburg war der letzte Herzog von Sachsen-Weißenfels. Er verlor im Alter von noch nicht fünf Monaten die Mutter und im zwölften Lebensjahr den Vater. Im jugendlichen Alter schickte man ihn auf Bildungsreise nach Holland und Frankreich. Über ein Jahr hielt er sich in Paris auf und stand in der Gunst des Sonnenkönigs. Als jüngerer Sohn hatte er keine Aussicht auf den Thron. Durch Erziehung und Unterricht wurde er so gefördert, dass er sich dem Soldatenstand zuwandte und nahm schon als 17-jähriger im spanischen Erbfolgekrieg an den Kämpfen gegen die Franzosen teil. 1702 begann seine erfolgreiche militärische Laufbahn. Er trat zunächst in hessische, später in kursächsische Dienste und wurde 1711 Generalmajor, dann Generalleutnant. 1712 rettete er sogar den russischen Zaren Peter den Großen vor der Gefangennahme durch die Schweden vor Stralsund. Der tapferere Soldat und umsichtige Führer war eine starke militärische Stütze für August den Starken. 1721 heiratete Johann Adolf II. im Alter von 36 Jahren die Prinzessin Johanetta Antoinetta Juliana von Sachsen-Eisenach, die schon 1726 starb. Er vermählte sich 1734 mit Prinzessin Friederike von Sachsen-Gotha-Altenburg. Sie hatten vier Söhne, die schon vor dem Vater starben. Nach dem Tod seines Bruders Herzog Christian von Sachsen-Weißenfels übernahm er 1736 die Regierung. Am 09.07.1737 kam er nach Langensalza und nahm am 10.07. die Huldigung entgegen, die feierlich im Schloss stattfand. Nach dem Huldigungseid ertönten die Kanonen, die Schützenkompanie gab dreifache Salve. Die erschienenen Bürger riefen das Lebehoch. Ihm zu Ehren hatte die Stadt eine Gedächtnismünze prägen lassen. Am 12.07. verließ er Langensalza. Nach seinem Regierungsantritt hatte Johann Adolf II. den Oberbefehl über die Kursächsischen Truppen niedergelegt, übernahm diesen aber wieder 1742 auf Verlangen des Kurfürsten. Durch schon frühere zahlreiche Verwundungen gesundheitlich geschwächt, hielt er den Strapazen während des 2. Schlesischen Krieges als Heerführer nicht mehr stand. Er starb am 16.05.1746

zu Leipzig. Mit ihm erlosch der Mannesstamm des Hauses Sachsen-Weißenfels. In der Zeitschrift „Daheim", Jahrgang 1885 Nr. 27-39, erschien ein historischer Roman unter dem Titel „Souverain", geschrieben von einer Frau unter dem Pseudonym von der Elbe. Sie erzählt vom Untergang des Sachsen-Weißenfelder Herzoghauses, welches von 1656 bis 1746 bestand. Die dargestellte Geschichte entspricht aber nicht der Wirklichkeit.
Würdigung: 4 Huldigungsmedaillen von Querfurt, Weißenfels und Langensalza
(Quelle: Schütz, G. u. H., Chronik der Stadt Langensalza und der umliegenden Orte, H. Gutbier, Häuserchronik, Stadtarchiv, P 43, Schroeter, Ernst: Die Münzen und Medaillen des Weißenfelder Herzoghauses, Ein Beitrag zur Geschichte des Herzoghauses Sachsen-Weißenfels und des Fürstentums Sachsen-Querfurt, 1. Teil (1909); Archivbücherei D 39a. Das Erlöschen des Herzoghauses Sachsen-Weißenfels und der Hof der Herzoginwitwe Friederike zu Langensalza von Hermann Gutbier; Posse, Otto, Die Wettiner Genealogie des Gesamthauses Wettin Ernestinischer und Albertinischer Linie mit Einschluß der regierenden Häuser von Großbritannien, Belgien, Portugal, Belgien)

Kallenberg, Albert
Mühlenbesitzer
geboren am 30.08.1858 Ort nicht bekannt
gestorben am 18.02.1924 Ort nicht bekannt
Stadtverordneter in Langensalza, nahm regen Anteil an der Einrichtung der Kanalisation und Wasserleitung der Stadt. 1906 Aufbau einer vollständig neuen Mühle in einem neu errichteten massiven Mühlengebäude.
(Quelle: Hermann Gutbier, Häuserchronik)

Kallenberg, Johann Christian
Mühlenbesitzer
geboren am 10.08.1777 zu Tennstedt
gestorben am 02.07.1862 in Langensalza
Sohn des Schambachmüllers Johann Georg Kallenberg zu Tennstedt, übernahm die Pachtung der „Kleinen Ölmühle" auf dem Ziegelhof, erbaute zwischen Langensalza und Merxleben eine Mahl- und Ölmühle.
(Quelle: Hermann Gutbier, Häuserchronik; Kirchenarchiv)

Käpler, Christian
Wildmeister, Forstmann
geboren am 18.02.1712 in Ufhoven
gestorben am 02.02.1793 in Ostheim v. d. Rhön
Trat 1735 in den Dienst des Herzogs von Eisenach und kam 1737 als Hochfürstlicher Sachsen-Weimar-Eisenachischer Förster nach Ostheim/Rhein. 1775 wurde er Waldmeister; das war für bürgerliche Forstbedienstete der höchste erreichbare Rang, der im allgemeinen nur dem Adel vorbehalten war. Durch eigene Beobachtungen des Waldlebens wurde er eine Kapazität auf seinem Gebiet, was in Schriften festgehalten wurde, z. B. 1764 „Gründliche Anleitung zur Erkenntnis und Verbesserung des Forstwesens", 1771 „Überzeugender Beweis, bei welcher Abholzart die Laubstöcke am

besten wieder ausschlagen", 1778 „Erläuterungen einiger Sätze über die Beckmannschen Schriften von der Holzsaat" u. v. a. m.
(Quelle: Schütz Chronik, Teil Ufhoven; Urania-Kalendarium zur Geschichte der Natur- und Fachwissenschaften 1987; Stadtarchiv, Persönlichkeiten Nr. 212)

Keil, Ernst
Redakteur, Begründer von „Die Gartenlaube"
geboren am 06.12.1816 in Langensalza
gestorben am 23.03.1878 in Leipzig
Sohn eines Gerichtsdirektors und Accisinspektors in Langensalza, Besuch des Gymnasiums in Mühlhausen. Später machte Keil eine Lehre als Buchhändler in Weimar, dadurch kam es zur Bekanntschaft mit Goethe, Heine und anderen Zeitkritikern. Er gründete ein eigenes Verlagsgeschäft, jedoch wurde keine einzige Publikation davon zugelassen. 1838 war er Redakteur der Wochenschrift „Unser Planet". In den Wochenschriften schilderte er in novellistischen Skizzen die sozialen Missstände und das Massenelend. 1852 erfolgte eine 9-monatige Haft wegen Pressevergehens im Dresdner Maiaufstand. Als Häftling reifte in ihm der Gedanke, eine neue Zeitschrift zu gründen. 1853 erschien „Die Gartenlaube", aber auch diese Zeitschrift wurde erst untersagt. Später wurde das Verbot wieder aufgehoben. In seinen Schriften kommt seine Heimatverbundenheit zum Ausdruck – so in der Artikelreihe „Erinnerungen an Thüringen". Er wurde in seinen Schriften zum Wortführer der Opposition und des nationalen Zusammenschlusses. Sein Testament enthielt Zuwendungen für arme Familien seiner Vaterstadt. „Die Gartenlaube", stieg zur erfolgreichsten deutschen Publikationszeitschrift des 19. Jahrhunderts auf.

Ehrung: Gedenktafel an seinem Geburtshaus, Ehrenbürger der Stadt Ilmenau 1976.
(Quelle: Hermann Fiedler, Das Volk vom 21.03.1953; Stadtarchiv, Personengeschichte; Gisela Münch, Historische Persönlichkeiten)

Kittel, Johann Christian
Musiker, Komponist, Organist
getauft am 18.02.1732 in Erfurt
gestorben am 17.04.1809 in Erfurt
Kittel besuchte 1747-1750 das Ratsgymnasium in Erfurt. 1748 ging er als Musikschüler zu Johann Sebastian Bach, später wurde er Komponist und ging nach Leipzig. Er führte viele Konzertreisen in Deutschland durch. 1751 kam Kittel als Organist in die Bonifaciuskirche nach Langensalza. 1756 ging er wieder als Organist an die Predigerkirche nach Erfurt. Er war ein bedeutender Musiker des 18. Jahrhunderts. Kittels eigentliche Bedeutung lag auf musikpädagogischem Gebiet. Seine Lehrbe-

fähigung war hervorragend. Ein Musikhistoriker des 19. Jahrhundert sagt von ihm: „Er war der beste Lehrmeister in Bezug auf Orgelspiel und Orgelkomposition, den Mitteldeutschland in der zweiten Hälfte des 18. Jahrhunderts besessen hat." Kittel war einer der hervorragendsten Erscheinungen der Bachschule. Am 24.11.1798 war wohl der Glanzpunkt in Kittels Leben, als er in seiner Predigerkirche in Erfurt der Königinmutter von Preußen, dem Herzog Karl August von Weimar und dem Fürsten von Schwarzburg Rudolstadt vorspielen durfte, die eigens nach Erfurt gekommen waren, um ihn zu hören. Als Organist, Komponist und Lehrer wird er zwischen Bach und Mendelssohn zu den bedeutendsten seiner Zeit gerechnet. Werke von ihm, die im Druck erschienen, waren u. a.: „Der angehende praktische Organist oder Anweisung zum zweckmäßigen Gebrauch der Orgel den Gottesverehrungen in Beispielen" (1801-1803, 3 Teile; Neuauflage 1831).
(Quelle: Stadtarchiv, Persönlichkeiten Nr. 85; Walter Meissner, MA 02.04.1995 und MA vom 02.04.1995, Erfurt in seinen berühmten Persönlichkeiten von Johannes Biereye von 1937; Forschungsbibliothek Gotha, Riemann Musiklexikon Personenteil A - K).

Klamroth, Eduard
Komponist, Konzertmeister
geboren am 25.08.1831 in Langensalza
gestorben am 27.03.1896 in Eisenach
Sohn des Musikdirektors Klamroth zu Langensalza. Er war erst Stadtmusikus, ging 1850 nach Petersburg und erwarb dort großes Ansehen. In Petersburg wurde Klamroth Kaiserlicher russischer Hofkapellmeister. Er war dort bis 1871. Er erhielt mehrere Auszeichnungen vom Kaiser. Klamroth wurde Direktor der Deutschen Oper zu St. Petersburg. Eine Klavierkomposition ist „Erinnerungen an Langensalza".
(Quelle: Stadtarchiv, Persönlichkeiten Nr. 86; Hermann Gutbier; Häuserchronik)

Klamroth, Karl
Konzertmeister
geboren am 29.03.1829 in Langensalza
gestorben 1912 in Leipzig

Karl Klamroth war der Bruder von Eduard Klamroth. Mit 17 Jahren kam er nach Hamburg als 1. Violinist des Kurorchesters und machte dort die Bekanntschaft mit Lipiniski, bei dem er sich im Geigenspiel weiter vervollkommnete. Von 1851-1900 ist er im Musikleben in Moskau tätig. Nach 40-jährigem Dienstjubiläum kehrte er nach Deutschland zurück. Er wie auch sein Bruder, waren mehr ausübende als schaffende Künstler. Ihre Bedeutung lag in der meisterhaften Beherrschung des Instrumentes und in der tüchtigen Leitung der Orchester.
(Quelle: Stadtarchiv, Persönlichkeiten Nr. 86)

Klauwell, Adolf
Musiker, Komponist
geboren am 31.12.1818 in Langensalza
gestorben am 21.11.1879 in Leipzig

Ausbildung auf dem Seminar in Weißenfels. Von 1838-1841 war er in Langensalza Lehrer an der Mädchenschule und in verschiedenen thüringischen Orten als Elementarlehrer aktiv. 1854 in Leipzig tätig als Pädagoge und Liederkomponist. Er gab mehrere Schulbücher heraus und komponierte zahlreiche Stücke für Klavier. Am bekanntesten wurde das „Goldene Melodien-Album" sowie Lieder volkstümlichen Charakters.
(Quelle: Stadtarchiv, Persönlichkeiten; Walter Meissner; MA 30.04.1995 - Musiker in Langensalza)

Klauwell, Otto
Komponist, Musikschriftsteller
geboren am 07.04.1851 in Langensalza
gestorben am 11. oder 12.05.1917 in Köln
War der Neffe von Adolf Klauwell und ebenso begabt wie sein Onkel. Klauwell studierte in Leipzig Mathematik, ging aber 1872 zur Musik über. 1874 promovierte er zum Dr. phil. 1875 wurde er als Lehrer des Klavierspiels, der Theorie und Geschichte der Musik am Konservatorium in Köln angestellt. Er übernahm 1884 die Leitung der Klavier-Seminarklassen und wurde 1905 stellvertretender Direk-

tor. Seine eigentliche Bedeutung lag aber auf dem Gebiet der Musikwissenschaft.
Viele seiner Arbeiten zur Musikgeschichte, -theorie und -ästhetik sind heute noch lesenswert, allen voran die „Geschichte der Progammmusik von ihren Anfängen bis zur Gegenwart" (Leipzig 1910). Weitere Schriften sind u. a. „Der Canon in seiner geschichtlichen Entwicklung" (Dissertation, 1876), L. v. Beethoven und die Variationenform (1901), Geschichte der Programm-Musik (1910)
(Quelle: Stadtarchiv, Persönlichkeiten; Walter Meissner, MA 30.04.1995 - Musiker in Langensalza)

Klopstock, Friedrich Gottlieb
Dichter und Dramatiker
geboren am 02.07.1724 inQuedlinburg
gestorben am 14.03.1803 in Hamburg
Besuchte das Gymnasium und 1739 die Landesschule Pforta. 1745 Theologiestudium in Jena und Leipzig, brach aber das Studium ab. 1748-1750 Hauslehrer beim Kaufmann und Bürgermeister Joh. Chr. Weiß, unterrichtete dessen zwei Söhne, wohnte im Weiß'schen Haus in der Salzstraße 3. Er war verliebt in seine Cousine Marie Sophie Schmidt, die er anbetete und in seinen Oden verewigte. Die „Fanny", so nannte er sie, erwiderte aber seine Liebe nicht. Im Jahre 1751 gehörte er in Kopenhagen einem deutsch-dänischen Dichter- und Aufklärungskreis an. Er war bekannt geworden als Dichter und Wegbereiter der deutschen Klassik. Seine bedeutendsten lyrischen Werke erschienen in den Oden im Jahre 1771. In einer Sammlung erhabener Dichtungen in drei Büchern aus den Jahren 1747 bis 1770 zu den Themen Religion, Liebe, Freundschaft, Vaterland und dem Erleben der Natur waren auch „Der Züchersee" und „Die Frühlingsfeier". Klopstocks Schaffen beeinflusste eine ganze Generation junger Dichter, darunter auch Johann Wolfgang von Goethe. Sein bekanntestes Werk war „Der Messias". Der dänische König berief ihn 1750 nach Kopenhagen und unterstützte ihn finanziell mit einer lebenslangen Rente. 1770 Umzug nach Hamburg. Er war einer der bedeutendsten Schriftsteller der frühen Klassik.
(Quelle: Stadtarchiv, Heimatbrief Nr. 15; Microsoft Encarta 97 Enzyklopädie, 1993-1996 Microsoft Corporation; Gisela Münch, Historische Persönlichkeiten)

Köhler, Erich
Chorleiter, Musiker
geboren am 31.08.1899 in Langensalza
gestorben am 14.11.1973 in Niederorschel, Kreis Worbis

Er besuchte die Volks- und später die Mittelschule in Langensalza. Köhler erhielt eine musiktheoretische und pädagogische Ausbildung sowie Orgel- und Violincellounterricht.
1920 erfolgte ein 4-jähriges Musikstudium mit Abschuss des Diploms. 1924 führte er Konzerte in Jena, Mühlhausen, Berlin und Köln durch. Im Jahre 1927 bis 1932 widmete er sich in Langensalza der Chor- und Musikerziehung, gründete einen kleinen Männerchor, später einen gemischten Chor und ein Orchester. 1932 wurde er zum Dirigenten des „Gesangvereins-Langensalza" gewählt. 1934 gründete er den „Knaben-Singechor Langensalza". Er stand von 1919 bis zum Jahre 1969 im Dienste der Musik. Von ihm stammt das seit 1973 alljährlich gesungene Brunnenfestlied.
(Quelle: Stadtarchiv, Heimatblätter 1908; Persönlichkeiten Nr. 98)

Köhler, Johann Heinrich
Hofjuwelier August des Starken
getauft am 14.02.1669 in Langensalza
gestorben am 04.05.1736 in Dresden
Sohn des kurfürstlichen Steuereinnehmers Johann Christoph Köhler.
Seine Familie wohnte am Ritterhof, jetzt Wiebeckplatz 1. Köhler erlernte das Goldschmiedehandwerk wahrscheinlich bei seinem Onkel Michael Köhler in Langensalza. 1701 erhielt er das Meisterrecht der Dresdner Goldschmiedeinnung und 1707 das Bürgerrecht in Dresden. 1718 erwählte ihn August der Starke zum Hofjuwelier. Kunstschätze von Köhler befinden sich im Grünen Gewölbe in Dresden. Am 16.04.1736 legte Johann Heinrich Köhler eine testamentarische Stiftung für die Bergkirche fest. Er vermachte der Stadtkirche ein kostbares silbernes Cruzifix, welches zum ersten Mal am 25.12.1736 aufgesetzt wurde. Köhler setzte auch ein Legat von 200 Talern aus mit der Bedingung, dass alle Karfreitage nachmittags eine Predigt gehalten werde.
Würdigung: Sonderausstellung zum 330. Geburtstag von Johann Heinrich Köhler im Heimatmuseum Bad Langensalza vom 07.05.-06.06.1999.
(Quelle: Stadtarchiv, Persönlichkeiten Nr. 90; Göschel Chronik Band IV; Hermann Gutbier, Häuserchronik)

Kranichfeld, Johann Wilhelm
Magister, Diakonus
geboren am 04.08.1718 in Langensalza
gestorben am 20.02.1791 in Langensalza
Der Magister Kranichfeld stammte aus dem alten thüringischen Geschlecht der Herren von Kranichfeld. Er besuchte in Langensalza das Lyceum, dann das Gymnasium in Weißenfels und die Universitäten in Jena und Leipzig. 1741 wurde er Hauslehrer beim Pfarrer Webel in Großleben und 1743 Hauslehrer beim Bürgermeister Weiß in Langensalza. Ende des Jahres 1747 erhielt er eine Pfarrstelle in Allerstedt. 1760 stellte man ihn als Diakonus an der Bonifaciuskirche und 1770 an der Stephanskirche in Langensalza ein. Am 18.09.1749 heiratete er Justine Stoll aus Nordhausen. Von seinen fünf Töchtern starben drei während der Kindheit. Seine Tochter Johanna Regina wurde die Gattin des Professors Georg Gottlob Ausfeld. Kranichfeld war Vorstand und Leiter eines musikalischen Kränzchens, welches im Langensalzaer Rathaus zusammenkam. Er war auch der anonyme Verfasser der Geschichte des Klosters Homburg. Man bezeichnete ihn als fromm, rechtschaffen und menschenfreundlich. Der Gelehrte, Prediger und Seelsorger wurde geehrt und geachtet.
(Quelle: Erinnerungen aus dem Leben Christian Gotthilf Salzmanns von Johann Wilhelm Ausfeld und der ältesten Tochter Salzmanns, Forschungsbibliothek Gotha)

Krause, Karl Heinrich
Fleischermeister, Augenzeugentagebuch 1848/1849
geboren am 21.05.1826 in Langensalza
gestorben 1907 in Langensalza
„Karl Heinrich Krause, geboren am 21. Mai 1826 in Langensalza, gelernter Fleischhauer, ist am Tage der Einberufung, am 9. Mai 1849, fast 23 Jahre alt. Er stammte aus einer alteingesessenen Familie, die bereits in siebter Generation in Langensalza das Fleischhauergeschäft betrieb.
Die Aufzeichnungen geben uns Kenntnis von den ungeheuren körperlichen Strapazen, die der Fußmarsch von Erfurt bis zum Einsatzort in Baden den Männern abverlangte. Schilderungen vom romantischen Leben in den verschiedenen Quartieren und Biwaks auf dem Wege bilden einen harten Kontrast zu den präzise beschriebenen Bildern aus den Tagen des Kampfes und des erlebten menschlichen Elends. Die immer wieder eingefügten persönlichen Gedanken zu aktuellen Situationen zeigen die ausgeprägte liberal-demokratische Geisteshaltung auf und die tiefe Abscheu vor der Mißachtung der Menschenwürde. Oft kommt der bedrückende Zwang zu militärischem Handeln, auch gegen die eigene Anschauung, zum Ausdruck. Feste Familienbande, Glaube und Kameradschaft helfen, schwierige Situationen zu überwinden. Fünf Langensalzaer bleiben die fünfeinhalb Monate zusammen und kehren Ende Oktober 1849 unverletzt in die Heimat zurück: Krause, Reichmann, Schütz, Bechstedt und Bundschuh.“ (aus dem Vorwort von Peter Brandscheid)
Gleichfalls im Buch befindet sich seine **„Kleine Selbstbiografie - aufgezeichnet um 1900“**. Hier lesen wir am Ende: *„Bei einer einstichen schwehren Krankheit, die mich ans Bett fesselte und meine 4 unerwachsenen Kinder am Bett standen, wahr mein inbrünstiger Wunsch, wenigstens so lange zu leben, bis sie sich alle selbst fort-*

helfen konten. Dieser mein Wunsch ist nicht nur erhöhrt, nein ich hab auch noch erlebt, daß sämtliche 4 so weit menschliche Voraussicht reicht, sich ein Jedes eine Existenz errungen hat, die weit von den früheren Sorgen der Eltern abweicht.
Auch umschwärmen uns schon eine Schaar Enkel, aus deren sämtlicher Augen ein heller Geist hervor leuchtet. Auch denen ihr spätes Wohl mit ansehen zu können ist wohl ein ganz frommer Wunsch, wäre aber doch thöricht bei unsere weit vorgeschrittene Alter dem noch nach zu hängen.
So mag es nun gut sein. Tritt nun eines Tags der dürre Trompeter an die Thür und bläßt zum großen Apell, so mag er blaßen. Die Schuhe sind geschmiert, die Gamaschen liegen dabei. Ich bin fertig zur großen Reise. Mögen unsere Nachkommen uns ein Stein setzen lassen: 'Du hast ein schwehren Kampf gekämpft, leicht wardt dir deine Erde'."
Buchtipp: „Das Jahr 1849 oder Der badensche Feldzug" bearbeitet von Margarethe und Peter Branscheid, Verlag Rockstuhl, 1998.

Leich, Albert

Apotheker
geboren am 20.10.1803 in Langensalza
gestorben unbekannt
Besuch der Volksschule und 4 Jahre Rektorratsschule. Durch ein Stipendium kam er ein Jahr auf die höhere Schule in Schulpforta, danach erfolgte eine 2-jährige Kaufmannslehre.
Von 1820 bis 1823 Apothekenlehrling in Gelnhausen. Im Anschluss an seine Gehilfenprüfung ging er auf Wanderschaft und sammelte Erfahrungen in Apotheken in Berka, Trier, Aachen, Duisburg und zuletzt 6 Jahre beim Apotheker Carl Rediker in Hamm/Westfalen. 1831 legte er in Münster das Staatsexamen als Apotheker 2. Klasse ab. In Hamm erhielt er von einem Gutsbesitzer ein Darlehen von 4.000 Talern und erhielt damit am 08.11.1834 vom Königlich-Preußischen Oberpräsidenten in Münster die Konzession zum Betrieb einer eigenen Apotheke in Haltern. Am 17.05.1837 erwarb er für sich und seine Frau das Bürgerrecht. Später zog er nach Orsoy ins Rheinland.
(Quelle: Jahrbuch Haltern 1990 vom Verlag Heitz und Höffkes)

Leisching, Andreas Christian

Diakon
geboren am 23.10.1683 in Langensalza
gestorben am 24.11.1757 in Langensalza
Er war Schüler der Klosterschule Pforta, war dann Feldprediger beim Infanterie-Regiment des Herzogs Johann Adolf von Sachsen-Weißenfels. Später ging er zum Regiment der kurfürstlich-sächsischen und königlich-polnischen Leibgarde nach Warschau. Leisching war dann Pfarrer in der Stadt Crimmitschau und später wieder Diakonus an der St. Bonifaciuskirche in Langensalza.
(Quelle: Stadtarchiv, Persönlichkeiten)

Lindner, Johann Gottlieb
geboren am 17.03.1726 zu Bärenstein
gestorben am 18.12.1811 in Arnstadt
1751-1764 Conrector zu Langensalza, Ordner der Marktbibliothek, Lehrer von Salzmann und Ausfeld.
(Quelle: Stadtarchiv, Persönlichkeiten Nr. 96)

Lintzel, Prof. Hermann
Studiendirektor
geboren am 08.02.1863 in Nordhausen
gestorben Ostern 1927 in Friedrichroda
Besuchte zunächst das Realgymnasium in Nordhausen, dann das Gymnasium Ernestium zu Gotha. Er studierte germanische und romanische Philologie in Jena, Berlin und Marburg, später war er tätig an der höheren Lehranstalt in Schnepfenthal, Neuwind a. Rh., Saarbrücken, Mönchen-Gladbach und Duisburg. 13 Jahre arbeitete Lintzel als Oberlehrer in Brandenburg. Im Jahre 1907 wurde ihm das Direktorat des Realgymnasiums zu Crossen übertragen, 1909 erfolgte die Berufung als Direktor des Realgymnasiums zu Langensalza. Nach dem Krieg leitete Lintzel die Umwandlung des Realgymnasiums in ein Reformrealgymnasium ein.
(Quelle: Stadtarchiv, Schulgeschichte C 752)

Loewel, Ernst
Veterinärrat
geboren am 10.05.1863 zu Rüdersdorf
gestorben am 24.06.1932 Ort nicht bekannt
Sohn des Tierarztes Ernst Loewel. Nach Absolvierung der höheren Lehranstalt am 01.10.1883 trat er dem Ulanen-Regiment Nr. 2 in Fürstenwalde bei. Von 1885 bis 1889 war Loewel Angehöriger der Militär-Veterinär-Akademie an der Tierärztlichen Hochschule und wurde am 10.01.1886 als Fuchs (Flick' Loewal) relipiert. Nach bestandener Staatsprüfung kam er zu dem Thüringischen Ulanen-Regiment als Unterveterinär. Seine Militärzeit verbrachte er in Mühlhausen, Langensalza und Hanau. Das Amt als Veterinärrat des Kreises versah er bis 1928. Die Stadt Langensalza hat ihm die Gründung einer Hufebeschlag-Lehrschmiede zu verdanken, dessen theoretischer Leiter er war.
(Quelle: Stadtarchiv, Persönlichkeiten Nr. 98)

Loof, Friedrich Wilhelm
Pädagoge, Schriftsteller
geboren am 25.06.1808 in Magdeburg
gestorben am 15.06.1876 in Hannover
Loof studierte in Halle Theologie, interessierte sich aber auch für Mathematik und Physik. Später brach er sein Theologiestudium ab und widmete sich den Naturwissenschaften. In Berlin waren seine Lehrer u. a. Ohm, Hegel, Humboldt und Gauss. 1829 war er Lehrer der Mathematik und Naturwissenschaften zu Cottbus, später in Aschersleben. Seit 1830 hatte er ununterbrochen meteorologische Beobachtungen gemacht und niedergeschrieben.

Er gründete 1842 die „Pädagogische Literaturzeitung" und gab mehrere Bücher und Abhandlungen heraus. Im Jahre 1860 gründete er in Langensalza eine kleine Privatschule. Loof verfasste pädagogische Schriften, z. B. Fremdwörter-, Geographie- und Astronomiebuch. 1865 gab er die Tetzner'sche Geographie heraus. Er gründete und leitete die Freimaurerloge „Hermann von Salza".
(Quelle: Stadtarchiv, Personengeschichte; Hermann Gutbier, Häuserchronik)

Mann, Friedrich
Pädagoge
geboren am 05.09.1834 in Langensalza
gestorben am 03.06.1908 in Langensalza
Besuchte die Lateinschule in Langensalza. 1855 bestand er seine Seminarabgangsprüfung in Weißenfels mit Auszeichnung, was er nur durch Privatunterricht und Selbststudium erreicht hatte. 1862 erster Lehrer an der Höheren Töchterschule in Langensalza. Friedrich Mann eignete sich die französische und englische Sprache an. Er war Verleger von pädagogischen Zeitschriften und wissenschaftlichen Werken, z. B. sämtliche Werke J. F. Herbart's, 19 Bände „Enzyklopädisches Handbuch der Pädagogik". Eine der verbreitesten pädagogischen Zeitschriften waren die „Deutschen Blätter für erziehenden Unterricht". 1866 gab er die Sammlung von klassischen Musikwerken u. a. die Herausgabe der „Blätter für Haus- und Kirchenmusik" heraus. Er gründete die „Deutschen Blätter für erziehenden Unterricht" und leitete sie 35 Jahre. 1871 verfasste Mann die „Kleine Geographie für die Schüler in Volks- und Mittelschulen" und „Kurzes Wörterbuch der deutschen Sprache". Auch beschäftigte er sich mit Germanistik und Psychologie. 1877 gab er den Lehrerberuf auf und übernahm den Verlag „Hermann Beyer & Söhne" in Langensalza. Herzog Alfred von Sachsen-Coburg-Gotha verlieh der Firma das Prädikat „Hofbuchhandlung".

Ehrung: Umbenennung der Probsteigasse in die „Friedrich-Mann-Straße".
(Quelle: Stadtarchiv, Persönlichkeiten Nr. 102; Langensalzaer Heimatblätter 1908, Langensalzaer Heimatbriefe)

Meth, Matthias Dr.
Erfinder der Gradierwerke
geboren um 1555 unbekannt
gestorben 1607 in Leipzig
Rektor der Lateinschule in Langensalza von 1586-1597 und Doktor der Arzneiwissenschaft. Er erfand 1590 die Gradierhäuser für die Salinen in Bad Salzungen, in Kötschau bei Merseburg und auch in Tollewietz (einst Teuditz) in Sachsen.
(Quelle: Hermann Gutbier, Häuserchronik; Gisela Münch, Historische Persönlichkeiten Nr. 108)

Momm, Oberst Harald
Offizier, Turnierreiter
geboren am 15.11.1899 unbekannt
gestorben am 06.02.1979 unbekannt
Er wohnte 1923 im Offizierskasino in Langensalza und war einer der vier siegreichen deutschen Offiziere, die im Jahre 1930 bei den Internationalen Reitturnieren in den USA glänzende Triumphe davongetragen haben. Momm war bei dreißig deutschen Nationalpreis-Siegen auf den berühmten Tunierplätzen in aller Welt beteiligt. 1917 begann seine militärische Laufbahn. 1922-1928 erfolgte seine Versetzung von Langensalza an die Kavallerieschule Hannover. In Berlin gewann er 1924 den Bataschri-Preis. 1933 gewann er mit seinem Pferd „Baccarat“ das Deutsche Springderby in Hamburg, siegte in Rom, Paris, Warschau, Bukarest, Amsterdam, Brüssel, Schweiz und der USA. 1936 wurde er zum Equipechef berufen. 1945 geriet Momm in russische Kriegsgefangenschaft. Bis 1950 arbeitete er in Tiflis unter Tage.
(Quelle: Stadtarchiv, Heimatbriefe)

Moritz, Wilhelm Christian Friedrich von
Preußischer Generalmajor
geboren am 14.10.1773 in Langensalza
gestorben am 27.01.1850 in Langensalza
Er war der Sohn des Bürgermeisters Christoph Christian Moritz. Im Jahre 1789 trat er als Kadett in das Regiment Prinz Clemens ein. Er schilderte recht anschaulich die Kriegsführung gegen Frankreich in den Jahren 1792-1995 in seinen niedergeschriebenen „Rückerinnerungen an das Selbsterlebte und Selbstvollbrachte aus der bewegten Vergangenheit”. Im Februar 1817 avancierte er zum Oberleutnant, 1819 erfolgte die Beförderung zum Regiments-Kommandeur des 2. Merseburger Landwehrregiments Nr. 32 in Herzberg, 1825 wurde er Oberst und 1831 als Generalmajor in den Ruhestand versetzt. Geadelt wurde er am 05.06.1836.
(Quelle: Hermann Gutbier, Häuserchronik Heft 9; Stadtarchiv, Persönlichkeiten Nr. 110)

Müller, Arno
Schachmeister
geboren am 05.10.1914 in Nägelstedt
gestorben am 12.01.1940 in Langensalza

Das Schachspiel war seine große Leidenschaft. Bereits mit 20 Jahren kämpfte er mit Erfolg beim internationalen Fernschach mit und errang den Titel Europa-Fernschachmeister. Arno Müller besaß einen internationalen Ruf in der Fachpresse und unter den Meistern des Schachspiels, vor allem in den Weltstädten Berlin, Madrid, Kopenhagen, Budapest. Er starb bereits im blühenden Alter von 25 Jahren an Nierenleiden.
(Quelle: Stadtarchiv, Persönlichkeiten Nr. 116)

Müller, Ernst Gottfried Konrad von
Oberst, Stadtkommandant
geboren unbekannt in Zeesendorf bei Rostock
gestorben am 13.06.1826 in Langensalza
Ernst Gottfried Konrad von Müller hatte sich in den Freiheitskriegen durch hervorragende Tapferkeit den Orden Pour le mérite und das Eiserne Kreuz zweiter und erster Klasse erworben. Er war Kommandeur des 2. Magdeburgischen Dragonerregiments, welches seit 1817 in Langensalza stationiert war und 1819 in ein Kürassierregiment umgewandelt wurde. Als Stadtkommandant hielt er auf Befolgung der Straßenordnung und drang auf regelmäßige Straßenordnung. Bemerkte er irgend eine Unsauberkeit, dann forderte er vom Hausbesitzer sofortige Entfernung des Schmutzes. Sah er mit Papier verklebte Fenster, so durchstach er mit dem Stocke, den er immer bei sich führte, das Papier und verlangte Einsetzung einer Glasscheibe, die er in verschiedenen Fällen selbst bezahlte. Die Umgebung der auf seinen Betrieb beim Schützenhause erbauten Reitbahn (1822) ließ er mit Bäumen bepflanzen. Am 30.05.1823 erhielt er das Ehrenbürgerrecht von Langensalza. Sein Bruder ließ ihm ein gußeisernens, dreiseitiges Denkmal mit einer Inschrift errichten.

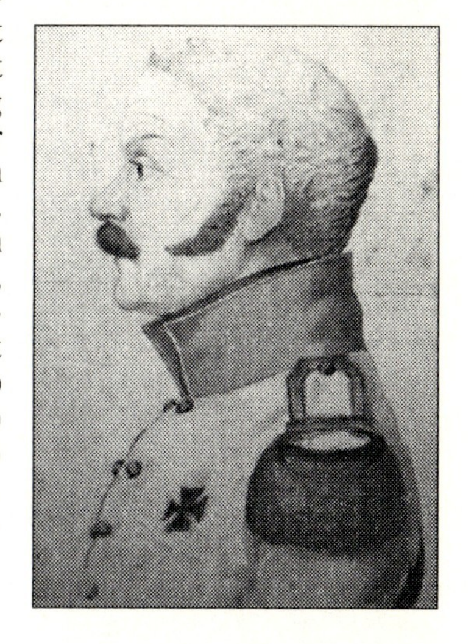

(Quelle: Hermann Gutbier, Häuserchronik)

Neumark, Georg
Literat, Dichter
geboren am 16.03.1621 in Langensalza
gestorben am 08.07.1681 in Weimar
Sohn des Tuchmachermeisters Michael Neumark aus Langensalza und Martha, geb. Plattner. Später zogen sie nach Mühlhausen. Er besuchte das Städtische Gymnasiums in Mühlhausen, dann das Gymnasium in Gotha. Neumark war musikalisch sehr begabt. Im Jahre 1643 begann er das Studium der Rechtswissenschaften. Als freier Schriftsteller gab er das Werk „Poetische Tafeln oder die gründliche Anweisung zur deutschen Verskunst“ heraus. 1652 erhielt Neumark eine Stellung als Hofbibliothekar, später als Archivsekretär und Hofdichter des Herzogs Wilhelm von Weimar. Er war verheiratet mit Margarethe Werner und hatte vier Kin-

der. Durch seine poetische Begabung gelangte er in immer höhere gesellschaftliche Stellung. Die leichtverständlichen Lieder, die er schrieb, erschienen in der Publikation „Poetischer Lustwald“, die teilweise auch vertont wurden, u. a. auch von Johann Sebastian Bach. Eine Oper ist „Georg Neumark und die Gambe“. Diese war auch im Nationaltheater in Weimar zu sehen und erinnerte daran, dass der musikinteressierte Neumark einer der hervorragendsten Gambenspieler seiner Zeit gewesen ist. 1666 entstand sein Buch „Poetischer und historischer Lustgarten“, 1668 das wichtigstes Buch „Der neusprossende teutsche Palmbaum“ und die Geschichte der „Fruchtbringenden Gesellschaft“. Er wurde besonders bekannt durch das Kirchenlied „Wer nur den lieben Gott läßt walten“. Die Lieder von Neumark wirken volkstümlich und weltoffen im Gegensatz zu der in jener Zeit verbreiteten römisch-katholischen Liederkunst.
In Mühlhausen befindet sich an seinem damaligen Wohnhaus eine Gedenktafel.
(Quelle: Stadtarchiv, Langensalzaer Heimatblätter; Beilage zum Langensalzaer Anzeiger 1932; Holger Schneider, Mitteldeutscher Allgemeiner Anzeiger vom 29. 12.1993 - Menschen an Unstrut und Hainich)

Nohr, Christian Friedrich
Konzertmeister, Komponist
geboren am 07.10.1800 in Langensalza
gestorben am 05.10.1875 in Meiningen
Christian Friedrich war der Sohn des Tuchmachers und wandernden Musikanten Martin Christian Nohr. Christian Friedrich war selbst sehr musikalisch begabt. Schon im Alter von acht Jahren begleitete er seinen Vater als Flöten- und Geigenspieler durch verschiedene Teile Deutschlands. Bereits mit 15 Jahren trat er als Hornist und Flötist in das Gothaische Regiment ein, verließ aber später den Militärdienst aus Krankheitsgründen. 1823 war er Kammermusikus in Gotha. Am 05.08.1824 veranstaltete er zusammen mit seinem Kollegen Walch ein bedeutendes Konzert in Langensalza. 50 Musiker spielten im Saal des alten Schwefelbades die Komposition von Ludwig van Beethoven „Die Schlacht bei Vittoria”. Der Ertrag des Konzertes wurde den Armen von Langensalza gespendet. 1825 erfolgten Konzertreisen nach Frankfurt und Darmstadt. Der Herzog von Meiningen stellte ihn 1826 in seine Dienste. Nohr wurde Konzertmeister und später Kapellmeister der Meininger Hofkapelle. Er war verheiratet mit Sophie Bies, eine gebürtige Engländerin und hatte zwei Kinder.
(Quelle: Stadtarchiv, Langensalzaer Heimatbrief, Nr. 22, S.14, 15.12.1975; Persönlichkeiten Nr. 121)

Otto, Georg
Kantor, Komponist
geboren 1550 in Torgau
gestorben 1618 in Kassel
Er machte eine Musiklaufbahn in der Dresdner Hofkantorei als Kapellensänger. Als 11-jähriger war er Kapellensänger an der von Johann Walte organisierten Dresdner Hofkantorei und 1564 Zögling an der Fürstenschule Pforta bei Bad Kösen. 1568 begann er ein Studium an der Leipziger Universität. Später nahm Otto eine Stelle als Hofkapellmeister in Kassel an. Er war auch Lehrer des später berühmten Komponisten Heinrich Schütz, von 1569-1586 tätig als Kantor und Komponist der Marktkirche in Langensalza. Danach ging er nach Kassel. 1604 erschien sein kompositorisches Hauptwerk das „Opus musicum novum", was man als „neues musikalisches Werk" übersetzen kann.
(Quelle: Walter Meissner, Mitteldeutsche Allgemeine 12.03.1995 - Musiker in Langensalza)

Palandt, Otto
Jurist
geboren am 01.05.1877 in Stade an der Unterelbe
gestorben am 03.12.1951 in Hamburg
Otto Palandt wurde am 01.05.1877 in Stade an der Unterelbe als zweitältester Sohn des Taubstummenlehrers Ernst Palandt geboren. Die Familie zog nach Hildesheim, als er zwei Jahre alt war. Dort wuchs er auf und vollzog seine schulische Erziehung. Nach dem Abitur 1896 begann er im Sommersemester 1896 das Jurastudium an der Universität München, wechselte zum Wintersemester 1897/98 an die Universität nach Göttingen. Die erste juristische Staatsprüfung bestand er im Mai 1899 beim Oberlandesgericht Celle mit gut, sein Referendariat trat er im Juni 1899 am Amtsgericht Zellerfeld an. Im März 1901 setzte er die Ausbildung beim Landesgericht Göttingen, ab Juli 1901 beim Rechtsanwalt Koch und Notar Beitzen II in Hildesheim und ab Januar 1903 beim Amtsgericht Hannover fort. Im Dezember 1903 wurde er dem Oberlandesgericht Celle zugewiesen, wo er im Januar 1904 die große juristische Staatsprüfung mit gut ablegte. Während des Vorbereitungs- und Militärdienstes hatte Palandt am 19.06.1902 ohne Dissertation in Heidelberg zum Dr. jur. promoviert.
Im Januar 1904 wurde er zum Gerichtsassessor ernannt, war ab April 1906 als Hilfsrichter, ab Mai als Amtsrichter in Verden an der Aller eingesetzt worden. Im Juni 1906 fing Palandt seinen Dienst als Richter beim Amtsgericht Znin im Landesgerichtsbezirk Bromberg im Osten der preußischen Provinz Posen an. Im Oktober 1912 wurde er Landrichter in Kassel. Am 05.08.1914 ging er als Leutnant der Reserve „zum Dienst bei der Fahne". August 1915 wurde Palandt Mitglied des kaiserlichen Obergerichts Warschau und in der Zivilverwaltung eingesetzt. Im Juni 1916 erhielt er die Beförderung zum Verwaltungschef des Generalgouvernements im Amt eines Oberlandesgerichtsrates in Posen. Palandt versuchte, seine Versetzung nach Berlin durchzusetzen, aber erst im Oktober 1919 kehrte er als Oberlandesgerichtsrat nach Kassel zurück. Während der Weimarer Republik erlitt seine bisher mustergültige Karriere zunächst einen Knick, nach

dem Beitritt zur NSDAP im Mai 1933 stieg sie wieder steil an. Am 01.06.1933 wurde Palandt Vizepräsident des preußischen (Landes-)Justiz-Prüfungsamtes, am 01.12. dessen Präsident. Im Oktober 1934 avancierte er zum Präsidenten des Reichs-Justizprüfungsamtes. Seit 1934 arbeitete ein Autorenteam von Richtern unter der Leitung von Gustav Wilke, Ministerialrat im Reichsjustizministerium, an einem neuen Kommentar zum Bürgerlichen Gesetzbuch. Wilke verunglückte aber im Mai 1938 bei einem Verkehrsunfall tödlich. Heinrich Beck, der Verleger des Kurz-Kommentars, suchte dringend für die im Herbst vorgesehene Markteinführung einen neuen Herausgeber mit zugkräftigen Namen. Er konnte den Präsidenten des Reichs-Justizprüfungsamtes, Otto Palandt, als Herausgeber gewinnen. Dieser verbürgte sich mit seinem Namen für die Kommentierung. Der Palandt erschien erstmals im Januar 1939, bis 1944 kamen fünf Auflagen heraus. Er ist noch heute ein Standardwerk für Juristen und Jurastudenten und hatte 1999 sein 60-jähriges Jubiläum. 1943 wurde Otto Palandt pensioniert. Bomben zerstörten seine Berliner Wohnung. Er lebte kurz vor Kriegsende in Thüringen. Ende 1944 kam er mit seiner Ehefrau Helene nach Langensalza. Sie hatten eine Wohnung im Obergeschoß des Schwefelbades am Hindenburgplatz 1 (später Liebknechtplatz). Nach den Angaben des Einwohnerbuches der Stadt und des Kreises Langensalza vom 01.11.1948 wohnte er am Liebknechtplatz 1. Das war das alte Schwefelbad, welches am 01.07.1944 an den Geheimen Commerzienrat Elschner aus Berlin überging, der es zum Kaufpreis von 300.000 Reichsmark erworben hatte. Otto Palandt hatte die Funktion des Präsidenten und Repräsentanten des Kur- und Schwefelbades Langensalza. An der Volkshochschule unterrichtete er 1945/46 als Dozent Philosophie. In Langensalza stellten ihm 4 demokratische Parteien einen „Persilschein“ aus. Das Schwefelbad wurde am 01.02.1949 durch die Sozialversicherungsanstalt übernommen. Otto Palandt ging nach Hamburg, wo er ein Lehramt an der Universität erhielt.
(Quelle: Kl. W. Slapnicar, Der Wilke, der später Palandt hieß; Stadtarchiv: A VI, 10/286, Sa 3/ 49-5; Rosemarie Thomas)

Petersilie, Friedrich Erdmann
Orgelbauer
geboren am 05.11.1825 in Stadtilm
gestorben am 10.03.1901 Langensalza
Als Sohn eines Zeug- und Raschmachermeister geboren. Petersilie erbaute 1869 die Orgel der Gottesackerkirche und 1884-1885 die der Bergkirche in Langensalza. Er zählte zu den Meistern, die sämtliche Teile und alle Orgelregister im eigenen Betrieb bauten.
(Quelle: Gisela Münch, Historische Persönlichkeiten)

Rebling, Oskar Prof. Dr.
Orgelspieler
geboren am 10.11.1890 in Langensalza
gestorben am 1980 in Halle
Er erhielt schon mit 6 Jahren Klavierunterricht, besuchte die Mittelschule und das Realprogymnasium in Langensalza. 1904 bekam er Orgelunterricht und wurde im

gleichen Jahr Organist des Kindergottesdienstes in St. Stephanii. Rebling studierte in Berlin, Göttingen und Halle und belegte die Fächer Germanistik, Theologie und Musikwissenschaften. In Halle war er als Orgelspieler bei Aufführungen in den verschiedenen Kirchen dabei, 1920-1932 Organist in den akademischen Gottesdiensten und zugleich Chorleiter des akademischen Kirchenchores. 1921 wurde er vom Magistrat in Halle zum Studienrat für Musik, Deutsch und Religion an der Städtischen Oberratschule gewählt. Im Jahre 1946 erhielt er den Titel Professor mit einem Lehrauftrag für Orgelspiel und Orgelkunde und 1959 wurde ihm der Theologische Doktorgrad ehrenhalber von der Fakultät verliehen. Oft hielt er auch in den Kirchen von Langensalza Orgelstunden ab.

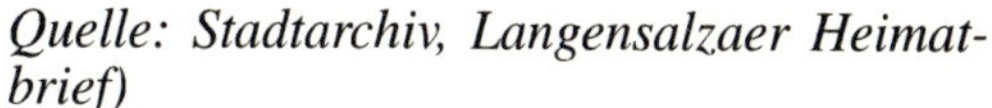

Quelle: Stadtarchiv, Langensalzaer Heimatbrief)

Reinhardt, Friedrich Christian
Bürgermeister
geboren 1728 unbekannt
gestorben am 23.08.1795 unbekannt
Sohn des Kaufmanns Georg Heinrich Reinhardt. 1754 staatliche Anstellung als Kreissteuereinnehmer. 1769 wurde er Bürgermeister in Langensalza. Er bewirkte, dass die Mauereinfassung der bis dahin offen durch die Straße fließenden Mühlwasser erfolgte. Auch die Herstellung der steinernen Nase vor dem oberen Schwibbogen ist sein Werk. Für seine Verdienste ernannte ihn der Kurfürst zum Accisrat. Später wurde Reinhard in den Adelsstand erhoben unter der Bezeichnung „Edler von Reinhardt".
(Quelle: Stadtarchiv, Heimatblätter Altes und Neues aus den Thüringer Landen 1912)

Richelmann, Georg
Kommandant
geboren 1851 zu Zeitz
gestorben 1924 nicht bekannt
1857 kam er mit seiner Familie nach Langensalza. Die Kindheit verbrachte er in Langensalza, besuchte die Vorbereitungsschule und später die Schule in Erfurt. Sein Jugendfreund war Hermann von Wißmann, der bekannter Afrikaforscher. Nach der Unterdrückung des Araberaufstandes wurde Richelmann Kommandant von Bagamoho in Ostafrika und verwaltete diesen Posten mehrere Jahre.
(Quelle: Stadtarchiv, Persönlichkeiten Nr. 136)

Richter, Gabriel
Bürgermeister
geboren 1629 in Bibra
gestorben am 02.10.1698 in Langensalza
Sohn des Pfarrers Gregor Richter in Bibra in Thüringen. Er studierte Rechtswissenschaft. 1665 vermählte er sich mit Anna Elisabeth Cramer, einer Tochter des Stadtphysikus Dr. Johannes Cramer aus Mühlhausen. Richter ließ sich mit seiner Familie in Langensalza nieder und wurde 1683 zum Bürgermeister gewählt. Besondere Verdienste erwarb er sich beim Ausbruch der Pest. Durch strenge Sperrmaßnahmen gelang es ihm die weitere Verbreitung dieser Seuche zu verhindern. Nach seinem Tode widmete ihm sein Sohn, Johann Gabriel, ein Epitaphium im Barockstil, das in der Marktkirche noch zu sehen ist.
(Quelle: Stadtarchiv, Persönlichkeiten Nr. 137; Tominski, Sabine, Heimatbote, Nr. 1, 1993)

Ritschl, Friedrich Wilhelm
Philologe
geboren am 06.04.1806 in Großvargula
gestorben am 09.11.1876 in Leipzig
Sein Vater war Pfarrer in Großvargula. Er zog 1815 mit seiner Familie nach Erfurt und wirkte an der Augustinerkirche. Friedrich Wilhelm besuchte das Gymnasium, lernte von 1824 bis 1825 am Gymnasium in Wittenberg und erwarb das Abitur. Er begann in Leipzig das Philologiestudium, studierte 1826 in Halle weiter, wo er am 04.06.1829 sein Doktorexamen bestand, im August erfolgte die Habilitation. Seine Vorlesungen waren ein akademisches Ereignis. Die Zuhörer stiegen sogar durch die Fenster, um noch Einlass zu finden im Auditorium. Im April 1832 ernannte man ihn zum Professor extraordinarius (ohne Gehalt). 1834 erhielt er eine ordentliche Professur in Breslau. Im Herbst 1836 unternahm er bis zum Herbst 1837 eine wissenschaftliche Reise durch Italien. 1839 wurde er an die Universität nach Bonn berufen. Von 1865 bis 1876 hatte Ritschl ein Lehramt in Leipzig. Seine besonderen Forschungen galten dem Altlatein. Er starb 1876 in Leipzig an einem Lungenleiden.
(Quelle: Stadtarchiv, Heimatbrief Nr. 23)

Rödiger, Lebrecht
Rosenzüchter, Bürgermeister der Gemeinde Ufhoven
geboren in Ufhoven
gestorben am 03.09.1941 in Ufhoven
„Es sei ausdrücklich betont: Ufhoven hat sich als Rosendorf zwischen 1933 und 1940, also zu Leb- und Amtszeiten von Lebrecht Rödiger, den Ruf eines Musterdorfes buchstäblich erarbeitet, obwohl - oder weil - man im Ort nicht deutschnationaler eingestellt war als anderswo in Deutschland. Die Wahlergebnisse und das, was die vorliegende Chronik vor allem über die Jahre bis zum Krieg berichtet, zeichnen hier ein sehr interessantes und aufschlussreiches Bild. Nein, die Persönlichkeit Lebrecht Rödigers, Visionär und hemmungsloser Pragmatiker zugleich, nicht Mitglied der NSDAP, aber ohne Scheu, durch sie ins Schulzenamt zu gelangen, hat die Saat zu Ufhovens zwiespältigster Zeit, seiner besten und dun-

kelsten zugleich, gelegt und gehegt.“ (Birgit Ludwig, aus der Einleitung zur Chronik der Gemeinde Ufhoven)
Buchtipp: *„Chronik der Gemeinde Ufhoven von den Anfängen bis 2001“, Verlag Rockstuhl, 2000.*

Rödiger, Louis
Rosenzüchter, Gärtnereibesitzer
geboren am 03.04.1855 in Ufhoven
gestorben am 03.04.1927 in Ufhoven
Von 1869-1872 lernte er in der Weiß'schen Privatgärtnerei in Langensalza. Danach arbeitete er im Rosenspezialgeschäft Wesselhöft & Heydrich und machte sich am 01.04.1882 selbstständig. Er baute sein erstes Gewächshaus selbst, wobei er die Steine aus Flußschlamm formte. Sein Geschäft mit Topfpflanzen, viel Binderei, Landschaftsgärtnerei, einer Baumschule, Rosenkulturen und Beerenobst war erfolgreich, sein Rat beim Anlegen von Gärten erbeten. Als Gemeindevorsteher schuf er für seine Gemeinde viel Schönes und Nützliches. Er liebte nicht nur die Natur, sondern auch Musik, Gesang und das Saitenspiel. Louis Rödiger, einfach und schlicht in seinem Wesen, wurde von seinen Mitmenschen sehr geachtet. Sein Sohn, Lebrecht Rödiger, setzte das Werk des Vaters fort. Als Fachberater des Rosariums in Sangerhausen und als Preisrichter bei Rosenzuchtausstellungen genoss er Respekt. Louis Rödiger, Gärtnereibesitzer in Ufhoven bei Langensalza, brachte die deutsche Rosenzucht zur Blüte und Ansehen.
(Quelle: Stadtarchiv, Persönlichkeiten 139)

Rückoldt, Hans
Heimatkreisbetreuer
geboren am 03.06.1904 in Langensalza
gestorben am 06.04.1987 bei Wien
Hans Rückoldt, ein Sohn der Stadt Langensalza, besuchte hier die Mittelschule und das Realgymnasium, wo er 1922 das Abitur ablegte. Er begann eine Anstellung bei der Bank für Thüringen (Bankhaus Pfaff), wechselte 1924 zur damaligen Gewerbebank, der späteren Volksbank. Dort wurde er 1925 zum ersten Vorstandsmitglied berufen. 1930 hat er Anneliese Lang geheiratet, sie bekamen vier Kinder und wohnten in Langensalza in der Bahnhofstraße 11. Im August 1939 wurde er zum Kriegsdienst einberufen. Er war zweimal verwundet, kam am 02.05.1945 in Gefangenschaft und wurde glücklicherweise am 03.06.1945 entlassen. Nach seiner Heimkehr arbeitete er wieder bei der Volksbank, hatte aber als ehemaliges Mitglied der NSDAP keine leitende Funktion. 1946 starb seine Frau. Der Witwer mit vier Kindern heiratete 1947 Margarete Stübgen. Sie bekamen eine Tochter,

Ingrid Margarethe Engelmann. Sie ist heute Malerin und wohnt in Stubbendorf. Ihre Bilder konnte man im Bad Langensalzaer Rathaus in einer Ausstellung vom 07.06.-25.08.2000 sehen. Ende 1949 verließ Hans Rückoldt Langensalza, da ihm in Berlin eine Stellung angeboten wurde. Nach zehn Jahren Tätigkeit in leitender Position setzte man ihn ab. Im November 1959 durfte Hans Rückoldt die DDR legal verlassen. Im Westen Deutschlands fand er sofort eine Anstellung bei der Volksbank Bad Brückenau als Kreditsachbearbeiter und übernahm 1961 die Filiale in Bad Kissingen. Nach der Pensionierung 1968 schied er aus dem Dienst aus, fand aber als Finanzleiter bei der Bad Kissinger Heimbau ein neues Betätigungsfeld. Ab 1976 war er freier Mitarbeiter und Berater. Hans Rückoldt baute Anfang 1960 in der Bundesrepublik den Heimatkreis Bad Langensalza mit auf. Rund 700 Adressen von ehemaligen Landesleuten konnten zusammengetragen werden. Das erste Treffen mit 500 Teilnehmern fand 1963 in Frankfurt am Main im Palmengarten statt. In regelmäßigen Abständen von zwei Jahren kam man zusammen. Die letzten Treffen waren 1995 und 1997 in Bad Langensalza. Seit 1969 erfüllte Hans Rückoldt die Aufgabe des Heimatkreisbetreuers mit Enthusiasmus. 1975 wurde er in den Vorstand der Bundeslandmannschaft Thüringen gewählt, er war Schatzmeister und Vorsitzender des Sozialwerkes Thüringen, welches seinen Sitz in Frankfurt am Main hatte. Dadurch hatte er auch die Möglichkeit, vielen Menschen aus der Heimat einen Kuraufenthalt in der Bundesrepublik zu vermitteln. Seine Frau Margarete unterstützte ihn sehr, denn auch sie kannte viele Menschen, denen geholfen werden konnte. Der Heimatkreis veröffentlichte dreimal im Jahr Heimatbriefe, die an die Mitglieder verschickte wurden und ein festes Bindeglied zur Heimat darstellten. Hans Rückoldt selbst hat seine Erinnerungen und sein Wissen hier wiedergegeben. Die Briefe zeugen von seiner großen Heimatliebe und Heimatverbundenheit. Sie fanden immer großen Anklang. Wegen seiner langjährigen Tätigkeit als Heimatkreisbetreuer wurde ihm ab 1975 die Einreise in die DDR für alle Zeit untersagt. Leider hat Hans Rückoldt die Wiedervereinigung der zwei deutschen Staaten nicht mehr erleben können. Das wäre für ihn der Höhepunkt seines Lebens gewesen. Nach einem 10-tägigen Aufenthalt in Wien starb er im Alter von 83 Jahren auf der Heimreise im Zug an Herzversagen. Er ist im Familiengrab in Bad Langensalza beigesetzt worden.
Würdigung: 1984 Kulturpreis des Heimatkreises Bad Langesalza, Silberteller der Bundeslandmannschaft.
(Quelle: Frau Margarete Rückoldt; Stadtarchiv, Heimatbrief Nr. 55)

Salza, Friedrich von
geboren unbekannt
gestorben 1327
Er war ein Sohn Friedrich des Ältesten, 1310 befand sich Friedrich von Salza unter den Zeugen, als Landgraf Friedrich der Freidige von Thüringen sich mit der Stadt Eisenach verträgt, 1319 untersiegelte er die Urkunde, nach welcher Hug von Almenshausen das Haus Almenhausen als landgräflichen Lehn bezeichnete, Der Grabstein von Friedrich von Salza befindet sich in der Marktkirche von Langensalza.
(Quelle; Stadtarchiv, Hermann Gutbier - Die Denkmäler der Marktkirche von 1931)

Unbekannte Quelle aus der Sammlung des Stadtarchives Bad Langensalza, Sa 3/1-1.

Salza, Hermann von
4. Hochmeister des Deutschen Ordens
geboren um 1170 in Langensalza
gestorben am 20.03.1239 in Salerno
geboren auf dem Schloss Dryburg in Langensalza, welches der Amtssitz der Herren von Salza war. Seine Erziehung erhielt er am Hofe des Landgrafen Hermann von Thüringen. Später trat Hermann in den Deutschen Ritterorden ein. Von 1210-1239 war er 4. Hochmeister des Deutschen Ordens, der im Jahre 1198 aus einem Spital in einen Ritterorden umgewandelt worden war. Hermann war nicht nur ein tapferer Held im Kampfe gegen die Ungläubigen im gelobten Lande, er ragte auch hervor vor allen Größen seiner Zeit durch seine geistige Überlegenheit gegenüber den fanatischen Vorurteilen und der Beschränktheit jener Zeit. Vom Kaiser Friedrich II. wurde er 1222 zum Fürsten ernannt und durfte den Reichsadler in seinem Panier tragen. Als diplomatischer Ratgeber Kaiser Friedrich II. und dessen Vermittler zum Papst griff er in die „große Politik" ein. 1226 belehnte Friedrich II. den Deutschen Orden mit Preußen. Hermann von Salza wird als Mitbegründer des preußischen Ordensstaates angesehen. 1239 starb er in Salerno/Nähe Neapel. Sein Grab befindet sich fernab im Süden in Barletta/Apulien (unterhalb des Stiefelsporns Italiens).
Nach ihm benannt: Hermann von Salza-Str., Alpha Hotel Hermann von Salza, Darstellung als historische Figur im Glockenspiel des Rathauses von Bad Langensalza
(Quelle: Hans-G. Blank, Hermann von Salza, Arbeitshilfe Nr. 60/1992; Gisela Münch, Historische Persönlichkeiten - Schriftenreihe zur Geschichte und Kultur Bad Lgs.)

Salzmann, Christian Gotthilf
Theologe, Pädagoge, Schriftsteller
geboren am 01.06.1744 in Sömmerda
gestorben am 31.10.1811 in Schnepfenthal

Sohn eines Pfarrers, 1756-1758 besuchte er die Lateinschule in Langensalza. In der Schule zeichnete sich Christian Gotthilf durch Fleiß, Sittlichkeit und schnelle Fortschritte aus. Salzmann schloss auf der Schule innige Freundschaft mit dem um 4 Jahre älteren Georg Gottlob Ausfeld, der aus Ufhoven stammte. Salzmann hatte 3 Söhne seines Freundes später als Pflegesöhne, die seine Mitarbeiter wurden und drei seiner Töchter heirateten. Während seines Aufenthaltes in Langensalza erlebte Salzmann den Beginn des Siebenjährigen Krieges. Er war ein Bewunderer Friedrich II. Von 1761-1764 studierte er an der Uni in Jena Theologie. Im Alter von 20 Jahren kehrte er nach Erfurt zurück. 1768-1771 war er Pfarrer in Rohrborn. Er war verheiratet und hatte 15 Kin-

der. Seine Erfahrungen über die körperliche Erziehung kleiner Kinder veröffentlichte er in einer von ihm herausgegebenen Zeitschrift „Der Bote aus Thüringen." 1772 war er Diakonus an der Andreaskirche in Erfurt. 1781 ging er als Religionslehrer nach Dessau. 1784 gründete er die Erziehungsanstalt in Schnepfenthal. Sein Ziel war es, durch Aufklärung, Erziehung und Vorbild zur Besserung und Vervollkommnung der Menschen beizutragen. Er wirkte im Pestalozzischem Geist und wählte Männer wie André, Bechstein, GuthsMuth u. a. zu seinen Mitarbeitern, so dass die blühende Anstalt europäischen Ruf erlangte. Er schrieb auch volkserzieherisch motivierte Romane und Erzählungen u. a. das „Krebsbüchlein", „Der Himmel auf Erden", „Conrad Kieger", das „Armeisenbüchlein". Als er vom Tode Ausfelds erfuhr, nahm er den ältesten Sohn, 7 Jahre alt, an Kindesstatt zu sich.
(Quelle: Stadtarchiv, Persönlichkeiten Nr. 142; Hermann Gutbier, Häuserchronik; Forschungsbibliothek Gotha, Biogr. 1408/4)

Schäfer, Gustav
geboren 1843 in Mühlhausen
gestorben am 19.03.1932 in Langensalza
Rektor der höheren Töchterschule und Kreisschuldirektor. Er war literarisch mehrfach hervorgetreten, z. B. durch die Herausgabe einer Bibelkunde, Kirchengeschichten (Darstellung des Entwicklungsganges der Kirche Jesu Christi in Umrissen und Ausführungen), Katechismuslehre (Lehrbuch der christlichen Religion nach Ordnung des kleinen Lutherischen Katechismus).
(Quelle: Stadtarchiv, Persönlichkeiten Nr. 144)

Schlegel, Johann Christian Traugott Dr.
Arzt, Wissenschaftler, Verfasser medizinischer Schriften
geboren am 27.11.1746 in Langeneichstädt bei Querfurt
gestorben am 18.01.1824 in Waldenburg
Schlegel machte eine medizinische Ausbildung. Im Jahre 1771 erhielt er in Jena die Doktorwürde, später ging er als Arzt nach Langensalza. 1788 Berufung nach Waldenburg als kurfürstlicher Leibarzt, und dort erhielt er den Titel „Hofrat". Schlegel beschäftigte sich mit pathologischer Anatomie. 1776 erschien die Ausgabe „Schlegels deutsches Apothekerbuch" in Gotha, weitere Werke waren u. a. 1787-1792 12 Teile Medizinische Literatur, „Übersicht über neueste medizinischen Literatur". Er war Mitglied der Kaiserlichen Akademie der Naturforscher, der Akademie der Chirurgie, der Pharmarzie zu Brüssel.
(Quelle: Gisela Münch, Thüringer Allgemeine vom 01.02.1994)

Schmidt, Albert
geboren am 08.10.1874 in Altranstädt/Kreis Merseburg
gestorben am 18.03.1975 in Gießen
Bereits mit viereinhalb Jahren wurde er in die Altranstädter Schule eingeschult, dort wurden im Schichtunterricht 120 Kinder von einem Lehrer unterrichtet. Albert Schmidt war ein ausgezeichneter Schüler, der schon mit 15 Jahren ein Lehrstudium in Delitzsch beginnen konnte. Nach 3-jähriger Ausbildung trat er 1895 in Riestedt/Sangerhausen seine erste Lehrerstelle an. Als Junglehrer hatte

er eine Klasse mit 70 Mädchen und Jungen zu unterrichten. 1903 Ablegung der Prüfung als Lehrer an Mittel- und Höheren Töchterschulen und 1908 Prüfung als Schuldirektor. 1909 übernahm Schmidt das Rektorat der Volksschule in Bad Tennstedt. Auf Drängen vieler Eltern richtete er in dieser Stadt eine höhere Privatschule ein. Später übernahm er die Rektorenstelle in Langensalza. 1924 wählte man ihn in Langensalza zum Stadtverordneten. Zugleich wurde er zum Stadtverordneten-Vorsteher berufen. Bis 1933 ist er zum Wohle der Bürger und vor allem der jungen Menschen tätig. In diese Zeit fiel die von ihm vollzogene Umwandlung der siebenstufigen Langensalzaer Volksschule. 1926 verfasste er das Gedicht „Mein Unstrut-Salzatal“. Noch im Alter von 71 Jahren wurde er zum Schulrat ernannt. 1945 verabschiedete er sich im Beisein aller Lehrer des Kreises und ging in den Ruhestand. Als Pensionär widmete er sich noch leidenschaftlicher seiner Tätigkeit als Naturschutzbeauftragter. Schmidt war ein unerschrockener Kämpfer gegen Machtmissbrauch und Unterdrückung und wurde dafür hoch geschätzt. Sein größter Verdienst war die Durchsetzung des Baues des neuen Kurmittelhauses in der Erfurter Straße. Albert Schmidt veröffentlichte eine Anzahl von Büchern für das Schulwesen mit heimatkundlichen und heimatgeschichtlichen Inhalt.
(Quelle: Stadtarchiv, Holger Schneider, Mitteldeutsche Allgemeine vom 13.10.1993)

Schmidt, Eduard
Fabrikdirektor
geboren unbekannt
gestorben unbekannt
ein Pionier des Thüringer Betriebssports, langjähriger Vorsitzender und Ehrenvorsitzender des Fußballvereins Preußen Langensalza. Unter seiner Leitung stieg die Mannschaft auf, errang von 1925-1931 die Wartburg-Gaumeisterschaft und kämpfte sich als erster Verein in der Geschichte des Wartburggaus bis zum Endspiel um die mitteldeutsche Meisterschaft durch. Er gab in dem damaligen Nordwollekonzern die Anregung zu dem Belegschaftssport. In den Werken Langensalza, Mühlhausen wurden umfangreiche Sportplatzanlagen geschaffen. Durch seine Initiativen wurde auch die Werkgymnastik in allen Nordwollwerken eingeführt, außerdem war er erster Vorsitzender des Sportvereins Preußen, Langensalza.
(Quelle: Stadtarchiv, Persönlichkeiten Nr. 149)

Schmidt, Johann Christoph (Bild links)
Oberkammerpräsident
geboren am 30.12.1727 in Langensalza
gestorben am 04.10.1807 in Weimar
Studium in Leipzig, 1755 war er Sekretär bei der Regierung in Eisenach. Im Jahre 1756 wurde Schmidt Geh. Sekretär bei der Geh.

Kanzlei in Weimar, 1766 Legationsrat und Geh. Referendar, 1784 Geh. Assistenzrat im Geh. Consilium. Seit 1787 führte er die Direktorialgeschäfte der Kammer, 1802 wurde er Oberkammerpräsident, 1804 Erb-, Lehn- und Gerichtsherr auf Markvippach, Dielsdorf und Großobringen. Johann Christoph Schmidt war Klopstocks Vetter und Freund.
(Quelle: Stadtarchiv, Persönlichkeiten Nr. 149)

Schmidt, Marie Sophie
Klopstocks Fanny
geboren am 15.02.1731 in Langensalza
gestorben am 25.03.1799 in Eisenach
Die Tochter des Kaufmanns Christian Andreas Schmidt und dessen Ehefrau Anna Sophie, geb. Weiß, war das dritte Kind der begüterten Familie. Sie hinterließ als „Klopstocks Fanny" einen unvergesslichen Eindruck. Ihr Geburtshaus befand sich am Wiebeckplatz 4, während sie die Jugendjahre im Haus „Zum Prinzen" an der Marktkirche 10 verbrachte. Marie Sophie wuchs zu einem anmutigen Mädchen mit guter Allgemeinbildung heran. Ihr Bruder Christoph studierte in Leipzig und war ein Vetter und Studienfreund Klopstocks. Die 16-jährige Marie Sophie besuchte 1747 den Bruder in Leipzig. Dabei lernte sie den jungen Dichter Klopstock kennen, der sie sehr verehrte. Ein reger Briefwechsel verband Cousin und Cousine näher. Klopstock übersandte ihr am 10.02.1748 die Ode „Die künftige Geliebte". Nach Ostern 1748 kam Klopstock nach Langensalza und wurde der Hauslehrer der beiden Söhne des Kaufmanns Johann Christian Weiß. Klopstock verliebte sich unsterblich in Marie Sophie, die seine Gefühle jedoch nicht erwiderte. Die Fanny-Oden, die er ihr widmete, sind Ausdruck seiner hoffnungslosen Liebe. Dazu gehören die Gedichte „Elegie", „Die Stunden der Weihe", „An Fanny", „Der Abschied", „An Gott" und „Der Verwandelte".
Marie Sophie heiratete am 26.02.1754 den Eisenacher Kaufmann und Ratskämmerer Johann Lorenz Streiber (1723-1796), einziger Sohn des Zeugmachers und Kaufmanns Johann Justinus Streiber, Mitbegründer der Eichel-Streiberischen „Geldaristokratie" der Wartburgstadt. Der erfolgreiche Unternehmer, Bankier und spätere Bürgermeister war die finanziell bessere Party. Marie Sophie hatte diese Wahl nicht bereut. Sie brachte acht Kinder zur Welt, fünf davon überlebten, zwei Söhne und drei Töchter. Johann Christian (1761–1840) war Kaufmann und Fabrikbesitzer in Eisenach. August (1766–1818) wurde Kaufmann und Großherzoglicher Weimarer Legationsrat. Beide Söhne starben unvermählt. Die Nachkommen der Tochter Friederike Christine (1759–1833) erbten deren Nachlass. Sie hat 1777 den Eisenacher Kaufmann Heinrich Jacob Eichel geheiratet. Ihr Sohn Christian Friedrich Eichel wurde am 14.06.1853 geadelt. Sie nannten sich nun von Eichel-Streiber und waren eine der bedeutendsten Industriellenfamilien Eisenachs. Die beiden anderen Töchter von Marie Sophie und Johann Lorenz Streiber vermählten sich mit Frankfurter Kaufleuten. Victoria Maria Augusta (1757–1835) heiratete den Baumwollwarenhändler Johann Heinrich Catoir und Sophia (1762–1842) den Bankier Johann Mathias Bansa.
Zu Lebzeiten Marie Sophies verkehrte in ihrem Haus Karlstraße 3 die beste Gesellschaft. Goethe pflegte den vertrauten Umgang mit der Familie Streiber. Der

Bankier verwaltete vertrauensvoll sein Vermögen. Er selbst genoss das Zusammensein mit der liebenswürdigen und geistreichen Tochter Fannys, Victoria. Er dachte sogar an eine mögliche Verbindung mit dem jungen Mädchen. Wie einst die Mutter, so wurde auch die Tochter von einem großen Dichter verehrt. Marie Sophie Streiber war die Seele der Familie und des Geschäftes. Fast fünfzig Jahre lebte sie in Eisenach, von allen hochverehrt. Sie ruht in der Familiengruft an der Südseite des Kreuzkirchhofes.
Würdigung: Gedenktafel am Haus Bei der Marktkirche 10.
(Quelle: Stadtarchiv, Heimatbrief Nr. 15; MA vom 15.12.1993: Menschen an Unstrut und Hainich von Holger Schneider; Persönlichkeiten 149; Gothaisches Genealogisches Taschenbuch der Adeligen Häuser, Teil B, 31. Jahrgang, 1939; Langlotz, Kurt, Goethes Wirken in Westthüringen, Düsseldorf 1958; Wartburgland vom 2. April 1925: Klopstocks Fanny eine Eisenacherin von Dr. W. Greiner; Luginsland, Blätter für Heimatkunde, Wochenbeilage der „Eisenacher Zeitung" vom 10.03.1925: Eisenacher Dichterfreundin von Dr. W. Greiner)

Schniewind, Karl
Theologe
geboren am 01.01.1850 in Bergisch-Gladbach
gestorben am 10.07.1913 in Berlin
Sohn des Pastors Karl Ludwig Schniewind, besuchte das Gymnasium in Barmen und studierte 1868-1872 Theologie in Halle, Tübingen und Bonn. 1870/71 nahm er als Felddiakon am Feldzug teil. Im Jahre 1878 war Schniewind Pfarrer in Abberode im Harz, 1882 als zweiter Pastor nach Möckern bei Magdeburg. 1886 bis Oktober 1894 war er in Langensalza Oberpfarrer und Superintendenturvikar mit den Nebenämtern des Militärpfarrers und Kreisschulinspektor. Er gründete in Langensalza das evangelische Vereinshaus und führte den Kindergottesdienst ein, welcher zum ersten Male am 02.05.1886 abgehalten wurde. 1894 Berufung als Königlicher Hof- und Domprediger nach Berlin.
(Quelle: Stadtarchiv, Persönlichkeiten Nr. 150; Hermann Gutbier, Häuserchronik Heft 11)

Schramm, Karl Dr.
Prediger, Abgeordneter
geboren am 11.03.1810 in Hückeswagen bei Solingen
gestorben am 17.10.1888 in Nordhausen
1828 Beginn des Studium der Theologie und Philosophie in Münster, studierte in Halle Jena und Breslau und erlangte in Jena die philosophische Doktorwürde. Nach Erlangen der philosophischen Doktorwürde wollte er sich auf den Predigerberuf vorbereiten, doch im Oktober 1833 wurde er wegen demagogischer Umtriebe verhaftet und 1835 zum Tode durch das Beil verurteilt, dann zu 30-jähriger Einsperrung begnadigt. Bis 1838 hat er in der Festung Graudenz und bis 1840 in Silberberg in Haft zugebracht. 1840 wurde er freigelassen. In der Zeit seiner Haft schrieb er lyrische und epische Gedichte. Unter dem Titel „Mauerschwalben“ ließ er 1847 in Langensalza einen Gedichtband erscheinen und 1842 sein Epos in sechs Gesängen „Paulus“. Nach seiner Freilassung beendete er nicht sein theologisches Studium, sondern bestand 1841 die Rektoratsprüfung. Er wollte Lehrer werden. 1849 nahm er an dem pfälzisch-badischen Aufstand teil und mußte nach Beendigung desselben in die Schweiz fliehen. 1845 bis 1849 war er Konrektor an der Bürgerschule in Langensalza. In den Jahren 1848/49 brachte er während seiner Tätigkeit „die zwanglosen Blätter” heraus. Schramm war Mitbegründer eines „Constitutionellen Clubs”. Für die Stadt Langensalza war er als Abgeordneter in der Berliner Nationalversammlung und anschließend in der Zweiten Kammer vertreten. Dort schloß er sich der Fraktion der Linken an und beteiligte sich im Juni 1849 an dem Versuch der gewaltsamen Durchsetzung der Reichsverfassung in der Pfalz. Bis zu seinem Tode war er Prediger der freireligiösen Gemeinde zu Nordhausen.

(Quelle: Stadtarchiv, Langensalzaer Allgemeiner Anzeiger vom 19.05.1936; Thüringer Allgemeine vom 16.09.1989; Persönlichkeiten Nr. 153, Personengeschichte Nr. 640, Wissenschaftliche Hausarbeit v. Weig Stefan)

Schreiber, Nikolaus
Tuchmachermeister
geboren 1649 unbekannt
gestorben 1715 unbekannt
Er erwarb zusammen mit Johann Christoph Fornfeist große Bedeutung für die hiesige Textilindustrie. Beide gründeten 1678 die Seidenwirkerinnung. Schreiber erlangte 1676 das Meisterrecht. Er betätigte sich neben der Seidenwirkerei noch mit der Ausübung von Kirchenmusik.
(Quelle: Stadtarchiv, Persönlichkeiten)

Schröter, Christoph Wilhelm
Senator
geboren am 25.04.1827 in Langensalza
gestorben am 19.01.1915 in Langensalza
Sohn des Senators Schröter. Von 1862 bis 1883 war er Leiter der Freiwilligen Turnerfeuerwehr. Schröter war Direktor der Aktienmalzfabrik und Direktor des Vorschussvereins/Gewerbebank.
24 Jahre war er als Stadtverordneter, Stadtrat und Senator tätig. 1876 richtete er in Gemeinschaft mit dem Lehrer Wagner eine Mädchenriege ein. 50 Jahre war er aktiv tätig im Gesangverein. Schröter stand bis zu seinem 85. Lebensjahr unter dem Titel „Stadtältester" der städtischen Verwaltung mit Rat und Tat zur Seite.
(Quelle: Stadtarchiv, Persönlichkeiten Nr. 154; Langensalzaer Tageblatt vom 25.04.1927)

Schulz, Johann Philipp Christian
Musiker, Dirigent
geboren am 24.09.1773 in Langensalza
gestorben am 30.01.1827 in Leipzig
Der bekannte Musiker und Dirigent wurde 1773 in Langensalza geboren. Er kam im Alter von 10 Jahren als Thomasschüler nach Leipzig, studierte dort Theologie, unterbrach aber das Studium, um sich ganz der Musik zu widmen. Mit 27 Jahren leitete er als Operndirigent das Theaterorchester der Sekondaschen Schauspielertruppe. 1810 wählte man ihn zum Stellvertreter seines Lehrers Schicht, der das Thomaskantorat und die Leitung der Konzerte des Gewandhauses übernahm. Ab 1817 dirigierte er allein die Gewandhauskonzerte. Er gründete in Leipzig eine Singakademie und war Dirigent der Leipziger Liedertafel.
(Quelle: Stadtarchiv, Persönlichkeiten)

Schütz, Hermann
Heimatforscher
geboren am 05.11.1861 in Langensalza

gestorben am 04.05.1945 in Langensalza
Besuchte die Bürgerschule in Langensalza, 1876 machte er eine Lehre als Schriftsetzer in der Kreisblattdruckerei. Hermann Schütz hatte eine Vorliebe für die Natur, so durchwanderte er u. a. Thüringen, Bayern, Württemberg, Baden, Rheinlandpfalz, Mainz und die Sächsische Schweiz. 1896 gründete Schütz eine eigene Druckerei in Langensalza. 1900 brachte er die „Chronik der Stadt Langensalza" heraus. Die Chronik ist ein wichtiges Dokument und Nachschlagewerk für alle Geschichtsinteressierten, denen die Stadt Langensalza besonders ans Herz gewachsen ist. Die übrigen Abhandlungen von Schütz befassen sich vor allem mit der Geschichte der Langensalzaer Umgebung. Er war Mitglied des Langensalzaer Schachvereins und nahm u. a. an der Länder- und Fernschacholympiade gegen Östereich und Ungarn teil. Hermann Schütz wurde auch bezeichnet als „Thüringer Meister des Schachs".
(Quelle: Stadtarchiv, Lebensbeschreibung des Chronisten H. Schütz, Mitteldeutsche Allgemeine vom 04.05.1995)

Sommer, August Gottlieb
Senator
geboren am 22.05.1787 unbekannt
gestorben am 22.12.1858 in Langensalza
1816 wählte man ihn in die Seviskommission. 1819 wurde er Communrepräsentant im Marktbezirk; man übertrug ihm das Amt des Protokollführers. 1820 wurde er Feldpolizeideputierter. 1821 wählte man ihm zum unbesoldeten Senator und 1827 wurde er als besoldeter Senator angestellt. Im Jahre 1833 besorgte er unter Mithilfe seines Sohnes Gustav die Flurkartenaufnahme, zu welcher er auch einen Flurläufer herausgab. Er war ein tüchtiger Zeichner. 1825 erschien von ihm „Ansicht der Stadt Langensalza von der Morgenseite auf dem Wege nach dem Bade" und „Das Schwefelbad bei Langensalza vom Merxleber Berge aus". Er war auch sehr talentiert auf dem Gebiet der Musik.
(Quelle: Stadtarchiv, Persönlichkeiten; H. Gutbier, Häuserchronik Heft 5)

Sommer, Gustav
Baumeister
geboren am 22.03.1812 in Langensalza
gestorben am 12.12.1900 in Sprottau

Er war der Sohn des Senators August Gottlieb Sommer. Gustav Sommer zeigte schon in der Jugend Neigung zur Zeichenkunst. Später erlernte er das Baufach und studierte danach in der Bauakademie Berlin. Tätig war er als Feldmesser und legte die Baumeisterprüfung ab. Viele Bauzeichnungen für Häuser von Langensalza sowie von städtischen Bauten fertigte er an. So verdanken wir ihm u. a. verschiedene Zeichnungen von städtischen Baulichkeiten, die nicht mehr vorhanden sind, z. B. die des Erfurter Tores und des Zierturmes. Er gab auch ein Werk heraus mit dem Titel „Beschreibende Darstellung der älteren Bau- und Kunstdenkmäler. Im Jahre 1847 veröffentlichte Gustav Sommer im Kreisblatt seine „Höhenberechnung für Langensalza und Umgebung". Er war Mitglied der Historischen Kommission der Provinz Sachsen.
(Quelle: Gisela Münch, Historische Persönlichkeiten; Stadtarchiv, Persönlichkeiten Nr. 166; H. Gutbier, Häuserchronik)

Spröte, Martin
Maler, Grafiker
geboren am 18.12.1916 in Langensalza
gestorben am 30.08.1977 in Leipzig
Er besuchte bis 1933 die Mittelschule mit Abschluss der Mittleren Reife. Von April 1933 bis 1937 Ausbildung als Reproduktionsfotograf. Während seiner Ausbildung war er Gehilfe für Reproduktionsverfahren und Buchgestaltung bei der Fa. Beltz in Langensalza. Nach dem Krieg war er Privatschüler bei Prof. A. Schönnenbeck der Staatlichen Kunstakademie Düsseldorf mit Abschluss einer Studienarbeit. Im Jahre 1947 erhielt er die Zulassungsurkunde als Maler und Grafiker vom Ministerium für Volksbildung. Spröte war tätig als Maler, Grafiker, (Lithographie, Chemiegrafie, Reproduktionsfotografie, Buchillustration, Holzschnitte, und Gebrauchsgrafik). 1949 wurde er Preisträger beim Volkskongreß Thüringen, Mitglied des Museumsausschusses und Jurymitglied bei den Volkskunstspielen 1953/54. Er war Mitglied des Verbandes „Bildender Künstler". Durch Sprötes unermüdliches Schaffen entstand eine Vielzahl an Bildern, mit denen er die interessantesten Ecken und Winkel der mittelalterlichen Stadt Bad Langensalza für immer der Nachwelt erhielt. Der Künstler brachte in jeden seiner Pinsel- und Federstriche die große Liebe zu seiner Vaterstadt zum Ausdruck.
(Quelle: Holger Schneider, Mitteldeutsche Allgemeine vom 18.12.1991: Stadtarchiv, Persönlichkeiten)

Strohmeyer, Friedrich Louis Dr.
Chirurg, Orthopäde
geboren am 06.03.1804 in Hannover
gestorben am 15.06.1876 in Hannover
1823-1825 medizinisches Studium in Göttingen. Er erfand eine „Streckmaschine" zur Heilung von Spitz- und Klumpfüßen. Der König von Hannover ernannte ihn 1832 zum Hofchirurgen. 1841 Berufung als Professor nach München durch den bayrischen König Ludwig I. Große Verdienste erwarb er in der Augenheilkunde. Seine von ihm praktizierte Methode der Schieloperation fand große Anerkennung. 1844 wurde er zum Medizinalrat durch den Großherzog von Baden ernannt. 1848 Berufung zum Professor der Chirurgie in Kiel und zum Generalstabsarzt der Schleswig-Holsteinischen Armee, 1851 Professor der Chirurgie und Augenheilkunde an der Universität in Kiel und Direktor des Holsteinischen Sanitätskollegiums. Während des Bruderkrieges zwischen Hannoveranern und Preußen im Jahre 1866 war er für die medizinische Betreuung zuständig. Später widmete sich Strohmeyer auch vorwiegend literarischen Arbeiten. So schrieb er u. a. über die Erlebnisse während der Schlacht bei Langensalza am 27.06.1866 in „Erinnerungen eines deutschen Arztes". Er kehrte 1870 wieder nach Hannover zurück und trat die Stelle eines Generalarztes und konsultierenden Chirurgen bei der III. Preußischen Armee an. Strohmeyer galt als einer der bedeutendsten Vertreter der Kriegschirurgie seines Jahrhunderts.
(Quelle: Gisela Münch, Historische Persönlichkeiten)

Tetzner, Theodor Dr.
Geschichtsschreiber, Schuldirektor
geboren am 15.11.1792 in Frankenhausen
gestorben am 08.11.1862 in Langensalza
Besuch der Lateinschule, später erhielt er seine Ausbildung als Landschullehrer in Frankenhausen, 1812 Abiturientenexamen. 1812 war er Hauslehrer in Halle/Saale, 1814/15 Hilfslehrer in Halle, 1816 Lehrer an der Lehr- und Erziehungsanstalt Schnepfenthal, 1817 Oberlehrer an der lateinischen Schule zu Halle, Lehrer in Magdeburg. Von 1824 bis 1862 wurde Tetzner als Direktor der Stadtschule in Langensalza eingesetzt. Er war Mitbegründer des Gewerbevereins und des Turnvereins. Dr. Tetzner schrieb ein Lesebuch für die Bürgerschule und verschiedene Bücher in Geschichte für die Lehrer und die Schüler. Er war ein bedeutender Schulmann von Langensalza im 19. Jahrhunderts.
(Quelle: Stadtarchiv, Persönlichkeiten, Langensalzaer Bibliographie von Mittelschulrektor i. R. D. Dietrich)

Thauß, Gustav
Zahntechniker
geboren am 28.09.1859 zu Tennstedt
gestorben am 23.01.1926 in Langensalza
Sohn des Leinewebers Gottfried Thauß. Nach seinem Schulbesuch in Tennstedt erlernte er beim Hofzahnarzt Haun in Erfurt den Beruf eines Zahnkünstlers (Zahntechnikers). Im Jahre 1886 ließ er sich in Langensalza als Zahnkünstler nieder. Thauß war Begründer der sogenannten Kolonialausstellung, die später zum Heimatmuseum erweitert wurde. Er war Mitbegründer und ein eifriger, tätiger Förderer des städtischen Museums, Mitglied des Vorstandes des Gewerbevereins zu Langensalza. Unter anderem schrieb er über die Schlacht von Langensalza 1866 und veröffentlichte sein bekanntestes Werk „Langensalza als Garnisonsstadt". Darin durchleuchtet er viele helle, aber auch dunkle Stellen der Stadtgeschichte.
(Quelle: Stadtarchiv, Langensalzaer Bibliographie von Mittelschulrektor i. R. D. Dietrich)

Thomas, Albert
Druckereibesitzer
geboren am 01.10.1838 in Gotha
gestorben am 07.06.1906 in Langensalza
1852-1857 Lehrzeit als Schriftsetzer. 1865 kam er als Schriftsetzer von Gotha nach Langensalza, um hier seinem Berufe nachzugehen. Für das „preußische" Langensalza war er ein Ausländer, und er musste wie es in seiner „Naturalisations-Urkunde" heißt, in den preußischen Untertanen-Verband aufgenommen werden. Thomas errichtete 1869 eine eigene Druckerei in Langensalza. Er ließ einen Anzeiger für Gärtnereibesitzer, Samenhändler und Baumschulenbesitzer erscheinen, dann „Thüringer Blätter für Stadt und Land". Nachdem die Bücher keinen Absatz fanden, brachte er am 01.05.1879 eine eigene Zeitung für die Stadt heraus, den „Langensalzaer Allgemeinen Anzeiger". Diese Zeitung gewann ständig an Ansehen, brachte bald Nachrichten aus allen Ländern. Albert Thomas wurde auch als Meister der „schwarzen Kunst" bezeichnet.
(Quelle: Holger Schneider, MA 28.10.1993; Stadtarchiv, Heimatbrief Nr. 71)

Thomas, Eduard (Foto)
Stadtarchivar
geboren am 26.09.1867 in Langensalza
gestorben am 08.11.1946 in Langensalza
Sohn des Gärtnereibesitzers Heinrich Thomas, Besuch der Bürgerschule, ab 1881 Lehrling und spätere Rechnungsgehilfe in den Dienst der Spezialkommision in Landeskultursachen. 1890-1896 Magistratsekretär, Stadtinspektor. Er war hier lange Standesbeamter und führte die Familienstammbücher ein. 1928 wurde er Stadtarchivar. Aus seiner schriftstellerischen Tätigkeit sind interessante

Aufsätze hervorgegangen. Er war Mitbegründer des ersten Stenographenvereins und auch Leiter des Städtischen Museums.
(Quelle; Stadtarchiv, Persönlichkeiten Nr. 171)

Tittmann, Dr. Karl Christian
Diakonus
geboren im August 1744 zu Grossbarda bei Grimma
gestorben nicht bekannt
Sohn eines Prediger, Er studierte 1756-1762 an der Fürstenschule Grimma. Im Jahre 1766 war er in Leipzig Magister und ein Jahr später Katechet an der Peterskirche. 1770 kam er nach Langensalza und wurde hier Diakonus. 1775 Berufung nach Wittenberg als Professor der Theologie, Probst der Schloss- und Universitätskirche, und Assessor des Churfürstlichen Consistoriums. Im Jahre 1784 war er Professor Primarius und des Churkrieses Generalsuperintendens. 1789 Berufung als Oberconsistorialrath. Später wurde er als Pastor und Superintendent nach Dresden berufen.
(Quelle: Stadtarchiv, Persönlichkeiten Nr. 172, Langensalzaer Heimatblätter 1932)

Trommsdorf, Auguste und Anna
Wohltäterin
Schwestern von Richard Trommsdorf
Sie stifteten für arme Leute, gaben Prämien für fleißige Schüler der Volks- und Mittelschule. Gaben Unterstützung für vier bedürftige Frauen und Jungfrauen der Stadt und halfen z. B. finanziell vier kranken Personen, damit sie das Schwefelbad benutzen konnten.
(Quelle: Stadtarchiv, Persönlichkeiten)

Trommsdorf, Richard
Apothekenbesitzer, Senator
geboren am 25.01.1839 unbekannt
gestorben am 25.08.1890 in Langensalza
War der Stiefsohn von Christian Trommsdorff. Er übernahm von seinem Stiefvater die Apotheke in Langensalza, Neumarkt 8. An diesem Grundstück nahm er eine bauliche Veränderung vor, indem er einen zweiten Hauseingang - von der Hennegasse aus - errichtete. Richard Trommsdorff entfaltete auf den verschiedenen Gebieten eine rege, gemeinnützige Tätigkeit. Er leitete er viele Jahre den Gewerbeverein in Langensalza. 1872 gründete er den Tierschutzverein, 1886 übernahm er das Amt eines Senators. Seine Schwestern schufen ihm zu Ehren die *„Die Richard Trommsdorf-Stiftung"*. *(Quelle: Hermann Gutbier, Häuserchronik; Stadtarchiv, Persönlichkeiten; Langensalzaer Kreisblatt 1884)*

Trübenbach, Arno
geboren am 17.05.1888 in Wiegleben
gestorben am 18.02.1965 in Waldenburg
Die Eltern, Karl und Luise Trübenbach waren Landwirte in Wiegleben. Von 1894 bis 1902 besuchte er die Volksschule, anschließend war er Schreiberlehrling beim Rechtsanwalt Georg Winkler in Langensalza. Er erhielt eine Schreiberstelle in Ohrdruf. Er wollte aber Lehrer werden und konnte sich ab Oktober 1905 in Wandersleben an der Präparandenanstalt auf das Seminar vorbereiten. Ab 1907 studierte er in Erfurt im Lehrerseminar. Seine erste Anstellung als Lehrer erfolgte im Oktober 1911 in Langendorf bei Weißenfels. 1927 heiratete er Klara Winterberg aus Zimmern, sie bekamen drei Söhne und eine Tochter. 1932 wurde Trübenbach Lehrer in Großurleben. Nach 1945 mußte er den Schuldienst verlassen, da er Mitglied der NSDAP war. Er begann eine Tätigkeit als Organist. Arno Trübenbach beschäftigte sich mit Familien- und Heimatforschung, bekannt sind seine „Beiträge zur Geschichte der Dörfer des Kreises Langensalza“. 1959 zog er nach Koblenz und nach dem Tode seiner Frau 1961 nach Waldenburg zu seiner Tochter Gudrun. Dort starb Arno Trübenbach 1965. Als Ortschronist und Heimatforscher hat er seiner Nachwelt viel hinterlassen.
(Quelle: Stadtarchiv, Arno Trübenbach “Mein Leben und Werk”; Heimatbrief Nr. 42)

Weiß, Rudolf
geboren am 04.10.1824 in Langensalza
gestorben am 17.09.1893 in Langensalza
Er war der Sohn des Fabrikbesitzers Ferdinand Ludwig Weiß. Die Schulbildung erhielt Rudolf Weiß in der Erziehungsanstalt von Christian Gotthilf Salzmann in Schnepfenthal, dort blieb er bis zu seinem 12. Lebensjahr, um dann Aufnahme im „Blochmannschen Institut” in Dresden zu finden. Später machte er eine Ausbildung zum Kaufmann im Vereinigten Kammgarncomtoir in Gotha. Nach seiner Militärzeit absolvierte er eine Weiterbildung auf dem Kontor des Bankgeschäfts Philipp Nikolaus Schmidt in Frankfurt am Main. Im Jahre 1846 besuchte er längere Zeit England, wo er in verschiedenen Kontoren in London und Liverpool als Volontär arbeitete. Im Jahre 1847 übernahm Rudolf Weiß das Erbe seines 1841 verstorbenen Vaters und wurde Mitinhaber der Fa. Weiß & Co. - Obermühle. Im Jahre 1869 erwirbt er das Rittergut Zella im Eichsfeld. Aus dem Vorstand der Kammgarnspinnerei schied er am 1. Oktober 1875 aus. Durch seine Stiftung wurde 1882 das Krankenhaus erbaut. Der Landrat Wilhelm August v. Marschall, vom Kaiser beauftragt, überreichte ihm deswegen den Roten-Adler-Orden. In Halle ließ Rudolf Weiß ein Feierabenheim für ältere Diakonissen erbauen. Für die noch im Berufsleben stehenden Diakonissen ließ er in Osterhöhe im Harz ein Erholungsheim errichten. 1886 wird Rudolf Weiß Besitzer des Friederikenschlösschens (einst Sommerpalais der Herzogin Friederike).
Ehrung: Denkmal vor dem Krankenhaus, Rudolf-Weiß-Straße in Langensalza. Ein Glasgemälde im Fenster des Altarraumes der Markkirche symbolisiert die Aktivitäten von Rudolf Weiß: Er hält das Modell des Krankenhauses in den Händen.
(Quelle: Stadtarchiv, Hermann Schütz, Chronik der Stadt Langensalza und der umliegenden Orte; Holger Schneider, Mitteldeutsche Allgemeine vom 22.09.1993; Hermann Gutbier, Häuserchronik Nr. 13; Aufzeichnungen von Gisela Münch)

Weiß, Johann Christian
Fabrikbesitzer
geboren am 23.11.1779 in Langensalza
gestorben am 08.04.1850 in Laar in Kurhessen
Johann Christian Weiß war der älteste Sohn Christian Andreas Weiß. Von 1790-1801 war er an der Erziehungsanstalt in Schnepfenthal. Nach beendeter Schulzeit begann er eine kaufmännische Ausbildung auf dem Comtoir seines Vaters. 1801 reiste er nach England und Frankreich. Dort nutzte er die Gelegenheit, die Einrichtung und Arbeitsweise der Spinnereien zu studieren. Nach seiner Rückkehr nach Langensalza 1802 richtete er in einer Schneidmühle seines Vaters eine kleine Baumwollspinnerei ein. 1804 erbaute Weiß die neue Obermühle, hier errichtete er eine große Baumwollspinnerei. Im Jahre 1817 bis 1820 wurde diese in eine Kammgarnspinnerei - eine der ersten in Deutschland - umgearbeitet. Eine Berliner Ausstellung 1822 war Anlass für die Prämierung des Weiß'schen Kammgarns aus Langensalza. Im gleichen Jahr empfing Johann Christian Weiß vom König Friedrich August II. von Sachsen die Goldene Medaille und in Preußen bei der Berliner Ausstellung die Große Goldene Medaille.
1824 gründete er eine Baumwollspinnerei auf dem Rittergut bei Schweina im Thüringer Wald. Im Jahre 1826 trat er aus der durch ihn in Langensalza entstandenen Firma Weiß junior und Co aus. 1833 legte er das Steinkohlenbergwerk in Neuhaus bei Sonnenberg an und kaufte 1837 das Rittergut Günthersleben bei Gotha, 1844 das Rittergut Laar in Kurhessen. Als Besitzer von Günthersleben wurde er Mitglied der Gothaer Ständeversammlung. 1831 trat er in Meiningen an die Spitze der Staatsschuldenverwaltung und bearbeitete dort die Schuldengesetzgebung, die Schuldenfeststellung und die Umwandlung der Schulden in Schuldscheine. *(Quelle: Stadtarchiv, Langensalzaer Allgemeiner Anzeiger vom 22.12.1931)*

Weiß jun., Johann Christian von
Fabrikbesitzer
geboren am 25.07.1812 in Langensalza
gestorben am 15.11.1901 in Glücksbrunn
Sein Vater war der Fabrikbesitzers Johann Christian Weiß. Im Jahre 1833 trat er dem Unternehmen seines Vaters bei. Johann Christian Weiß jun. war Kammerherr und Wirkliche Geheime Rath mit dem Titel „Exzellenz“. Seine Spinnerei, die er nach dem Tode seines Vaters unter dem Namen J. Ch. Weiß betrieb, wurde der Norddeutschen Wollkämmerei und Kammgarnspinnerei angegliedert. Er vermachte der Stadt Langensalza testamentarisch 40.000 Mark, deren Zinsen benutzt wurden, um unbemittelten Kranken der Stadt Langensalza freie Behandlung und Verpflegung im städtischen Krankenhaus (Weiß'sche Stiftung) zu ermöglichen.
(Quelle: Stadtarchiv, Langensalzaer Allgemeiner Anzeiger vom 22.12.1931, Verwaltungsberichte 1901/1902 L 54/34)

Weiß, Ernst
Fabrikbesitzer
geboren am 22.03.1864 in Langensalza
gestorben am 13.08.1928 in Braunlage im Harz
Er war der Sohn von Eduard Weiß. Besuch der technischen Hochschule, da er ein technisch sehr interessierter Mann war. Nach dem Tod seines Vaters engagierte er sich für die Entwicklung des Familienunternehmens und leistete darüber hinaus einen entscheidenden Beitrag zur infrastruktuellen Entwicklung seiner Heimatstadt. Er setzte die Kenntnisse seiner Hochschulausbildung im eigenen Unternehmen um. Schon 1884 verlegte er die erste Telefonleitung in Langensalza, indem er das Geschäftshaus in der Salzstraße mit der Rasenmühle „drahtlich" verband. 1885 ersetzte Weiß in seinem Betrieb die Gasbeleuchtung durch Glühlampen. Er errichtete in der Rasenmühle ein Elektrizitätswerk, was er 1896 in die Salzstraße verlegte. Im gleichen Jahr schloss er mit dem Magistrat der Stadt Langensalza einen Vertrag über das alleinige Recht für die Erzeugung und Verteilung von Strom ab.
(Quelle: Stadtarchiv, Persönlichkeiten, Lgs. Tageblatt 15.08.1928, Energieversorgung Bad Langensalza; Mit Energie für Bad Langensalza 100 Jahre Stromversorgung).

Wiebeck, Oskar
Bürgermeister
geboren am 04.11.1857 in Schönau, Kreis Torgau
gestorben am 17.02.1932 in Friedrichroda
Nach dem Besuch des Gymnasiums studierte er Rechtswissenschaften und erhielt danach eine Anstellung beim Amtsgericht in Düben, später beim Gericht in Prettin, anschließend beim Amtsgericht und bei der Staatsanwaltschaft in Torgau, 1884 besoldeter Stadtrat in Tilsit, 1887 war er Mitglied des Landtages der Provinz Sachsen und wurde dann auch zum Mitglied des Provinzial-Ausschusses gewählt. Ab März 1886-Juli 1919 war er Bürgermeister und oberster Beamter in Langensalza. Wiebeck widmete sich mit ganzer Kraft den Belangen der Stadt, so wurde unter seiner Leitung u. a. 1888 die Brauhofschule, 1905 die Wasserleitung und die Kanalisation, 1912 die Mittelschule gebaut. 1899 holte er zwei Schwadronen Jäger zu Pferde in die Stadt - wodurch der Handel wieder erblühte. Zur gleichen Zeit wurde mit dem Bau der Kasernen begonnen. Nach dem Weggang der Ulanen wurde Langensalza 1900 bzw. 1905 wieder Garnison. Im Jahre 1925 ernannte ihn die Stadt als Ehrenbürger.
Würdigung: 1935 wurde ihm zu Ehren ein Denkmal in Langensalza aufgestellt, die geschaffene Allee vom neuem Friedhof nach dem Böhmen wurde zur „Wiebeck-Allee".
(Quelle: Stadtarchiv; Persönlichkeiten Nr. 181, Langensalzaer Bibliographie von Mittelschulrektor i. R. D. Dietrich 1939; Verwaltungsbericht von 1907)

Wiegleb, Johann Christian
Naturwissenschaftler, Chemiker, Pharmazeut
geboren am 21.12.1732 in Langensalza
gestorben am 16.01.1800 in Langensalza

Als Sohn des Advokaten Christian Ludwig Wiegleb und seiner Ehefrau Rebecca in Langensalza, Erfurter Straße Nr. 24 (heute Erfurter Str. 34), geboren. Nach dem frühen Tod des Vaters heiratete die Mutter den Advokaten Dr. Johann Christian Thilo, der seine Ausbildung förderte. Er begann in Gotha die Lehre als Apotheker, erweiterte durch intensives Selbststudium seine Kenntnisse in Dresden bei Dr. Satorius. Von 1754-1755 arbeitete Wiegleb in der Hofapotheke in Quedlinburg. 1758 heiratete er Rebecka Christina Reisig, eine Apothekerstochter und erwarb 1759 das Haus Marktstraße 7. Er errichtete dort eine Apotheke und ein Laboratorium, um forschen zu können. Er wurde bekannt als Chemiker und Pharmazeut. Wiegleb gründete 1779 in seinem Haus ein Bildungsinstitut für Chemiker und Pharmazeuten und schuf somit das erste Unterrichtslabor für Studenten in Deutschland. Er setzte sich auch für das Wohl der Bürger von Langensalza ein. 1786 wurde Wiegleb Vorsteher des Waisenhauses St. Elisabeth. 1788 bekam er das Amt des Oberkämmerers. Wiegleb war Mitglied der Kurmainzischen Akademie der nützlichen Wissenschaften, Mitglied der Kaiserlichen Akademie der Naturforscher und Mitglied der 1652 als freie Gelehrtenvereinigung gegründeten „Leopoldina". Mit seinen praktischen und theoretischen Beiträgen förderte er wesentlich Chemie und Pharmazie in der zweiten Hälfte des 18. Jahrhunderts. Der 200. Todestag Wieglebs im Jahr 2000 gab Anlass, dessen Leben und Werk in seiner Heimatstadt Bad Langensalza entsprechend zu würdigen.

Anerkennung: Wiegleb 2000: Sonderausstellung im Heimatmuseum, zweitägiges Symposium im Kultur- und Kongresszentrum, Stele vor der Marktstr. 7, Gedenkmedaille; Wiegleb-Plakette, Wieglebstraße.
(Quelle: Thüringer Allgemeine vom 17.01.2000, Lokalteil, Berger, Hans, Dr., Johann Christian Wiegleb - Apotheker - Wissenschaftler - Lehrer)

Wißmann, Hermann von
Gouverneur, Major, Afrikaforscher
geboren am 04.09.1853 in Frankfurt/Oder
gestorben am 15.06.1905 in Weissenbach bei Liezen
Einen Teil seiner Kindheit verbrachte Wißmann in Langensalza. Später wurde er im Kadettenkorps vorgebildet und 1874 Leutnant in einem mecklenburgischen Infanterieregiment. Im Dienste der Deutsch-Afrikanischen Gesellschaft ging Wißmann 1880 mit Pogge nach Luanda (Westafrika), gelangte mit ihm über Malange und Kimbundo und erreichte am 17.04.1882 Rhangwe am oberen Kongo. Später wurde er vom König Leopold von Belgien zu einer Forschungsreise in das südliche Kongobecken gewonnen. Begleitet von sieben Europäern fuhr er im November 1883 von Hamburg nach Luanda. Nach seiner Rückkehr wurde er 1888 vom Reichskanzler vom Hauptmann zum Reichskommissar ernannt und

dazu berufen, den Araberaufstand in Deutsch-Ostafrika zu bewältigen. Mit 21 Offizieren, 40 Unteroffizieren und Ärzten ging es nach Ostafrika, wo Wißmann in kurzer Zeit eine Kolonialtruppe aus angeworbenen Somali, Zulu und Sudanesen bildete und am 08.05.1889 das befestigte Lager des Rebellenführers Buschiri bei Bagamoho erstürmte. Buschiri wurde gefangen genommen und am 14.12. hingerichtet. Nachdem Wißmann nach Deutschland zurückgekehrt war, wurde er zum Major befördert und geadelt. Kurze Zeit darauf kehrte er nach Afrika zurück, nahm den vom Sultan von Sansibar abgetretenen Küstenstrich durch Hissen der kaiserlichen Flagge am 01.06.1891 in Besitz und gründete am Kilimandscharo die Station Moschi. Am 01.05.1895 wurde er in Deutschland vom Kaiser zum Gouverneur von Deutsch-Ostafrika ernannt und hatte diesen Posten von August 1895 bis Juni 1896 inne.
Der Stadt Langensalza sandte er seine Photograhie mit eigenhändiger Unterschrift und einige Gegenstände aus Ostafrika mit folgenden Worten „Gewiß ist mir Langensalza eigentlich von allen meinen Aufenthaltsorten aus der Kinderzeit in der Erinnerung der angenehmste. Ich war damals noch ein vom Schuljoch nicht gedrückter Wildling. Ich lasse Ihnen folgende Gegenstände zugehen: Hier nur ein kleiner Ausschnitt davon:
1) Ein Kudugehörn, leider nicht schädelecht, obwohl von mir geschossen. Der Schädel ist abhanden gekommen. 2) Eine Leopardendecke aus Zentralafrika.
3) Eine junge Tigerhaut aus Vorderindien. 4) Einen kurzen Karabiner, erbeutet in einem Gefecht, in dem ich die Wawemba, die südlich des Tanganika wohnen, schlug.“
Hermann von Wißmann starb am 15.06.1905 im Alter von 51 Jahren infolge eines Jagdunfalles in der Nähe seines Gutes Weißenbach in der Steyermark.
(Quelle: Stadtarchiv, Heimatbrief Nr. 30; Persönlichkeiten)

Witzel, Dr. med. Adolf
Begründer der modernen Zahnheilkunde
geboren am 14.07.1847 in Langensalza
gestorben am 12.07.1906 in Bonn
1865-1868 studierte er an der Universität Berlin Zahnkunde und schloß sein Studium mit dem Staatsexamen ab. 1879 verfaßte er ein Werk unter dem Titel „Die antiseptische Behandlung der Pulpakrankheiten des Zahnes” Es fand seine Fortsetzung in dem Lehrbuch: „Kompendium der Pathologie und Therapie der Pulpakrankeiten der Zähne”. Ein weiteres Werk von ihm lautete: „Über die Antiseptik bei Operationen an den Alveolarfortsätzen der Kiefer”. 1882 Aufnahme eines Studium an der Universität in Heidelberg und Promotion zum Dr. med. Im Jahre 1899 erschien sein drittes bedeutendes Werk „Das Füllen der Zähne mit Amalgam”. Damit führte er die Behandlung kariöser Zähne durch Amalgamfüllung in Deutschland ein. 1892 wurde er Privatdozent der Zahnheilkunde und war seit 1894 Direktor des Zahnärztlichen Instituts, 1897 außerordentlicher Professor. 1903 schied er aus dem Verbande der Universität aus und lebte dann in Bonn. Witzel war verheiratet und hatte zwei Töchter.
Seine größten Verdienste erwarb er sich durch ein Therapiekonzept für die Wurzelkanalbehandlung und der Erhaltung erkrankter Zähne mit Amalgamfüllungen.
(Quelle: Gisela Münch, Historische Persönlichkeiten)

Wolf, Karl Prof. Dr.
Wissenschaftler, Autor
geboren am 11.03.1838 in Langensalza
gestorben am 23.09.1908 in Eisenach
Er studierte und lehrte in Bromberg, (heute Bydgoszez), Nagel und Hildesheim. Im Alter von 11 und 12 Jahren erlebte er die 48er Revolutionstage in Langensalza. Für die Öffentlichkeit arbeitete er seine Erinnerungen in den Jahren 1885-1889 auf.
Er schildert die Sitten und Bräuche in Langensalza in seiner Jugend, erzählt von vielen hier erwähnten Persönlichkeiten, mit denen er teilweise als Kind gespielt hat. Ein Auszug: *„Die Marktpolizei war streng. Vor den Thoren der Stadt durften an Markttagen den Bauern die Lebensmittel von Ausläufern nicht abgekauft werden, Handel und Wandel durfte erst zur fest bestimmten Stunde ihren Anfang nehmen, wie denn z. B. auf dem Kornmarkt mit dem Getreideverkauf erst dann begonnen werden durfte, wenn zu einer genau bestimmten Zeit mit einem roten Fähnchen das Zeichen hierzu gegeben wurde. ...“*
Er verstarb im Alter von 70 Jahren am 23.09.1908 in Eisenach.
Buchtipp: *„Langensalzaer Erinnerungen aus der Zeit vor und während der tollen Jahre 1848/49“ von Prof. Dr. Karl Wolf,* Verlag Rockstuhl, 1998.

Zachariae, Heinrich Albert
Rechtsgelehrter
geboren am 20.11.1806 in Herbsleben
gestorben am 29.04.1875 in Cannstadt
besuchte die Volksschule und legte in Gotha das Abitur ab. Seit dem Herbst 1825 studierte er Rechtswissenschaft in Göttingen, bestand 1829 das Doktorexamen und wurde Dozent. Er las in Göttingen Kriminalrecht und Kriminalprozeß. Am 01.10.1835 ernannte man ihn zum außerordentlichen Professor. 1838 erhielt er den Lehrauftrag für Staatsrecht, deutsche Staats- und Rechtsgeschichte, sowie Kirchenrecht in Hannover und wurde 1842 Ordinarius. Von 1841-1845 erschienen drei Abschnitte seiner Abhandlung über das Deutsche Staats- und Bundesrecht. Nach seinem 1846 erschienenem Buch „Gebrechen und Reform des deutschen Strafverfahrens“ erhielt er den Roten-Adler-Orden III. Klasse. In den Jahren 1848 und 1849 gehörte er der Deutschen Nationalversammlung an und war parlamentarisch tätig. Wegen seiner wissenschaftlichen Verdienste wurde Heinrich Albert Zachariae geschätzt und geachtet. 1864 wählte man ihn zum Prorektor. Von 1860 bis 1868 arbeitete er am „Handbuch des deutschen Strafprozesses“, zweiter Band. Er starb 1875 in Cannstatt, wo er zu Besuch war und wurde in Göttingen beigesetzt.
Würdigung: Heinrich-Albert-Zarariae-Bogen in Göttingen.
(Quelle: Stadtarchiv, Hans Rückoldt, Heimatbrief Nr. 34)

Zänglein, Nordfrid
Lehrer, Chronist
geboren am 18.05.1939 in Erfurt
gestorben am 14.02.1999 in Bad Langensalza

„Nordfrid Zänglein wurde in Erfurt geboren und wuchs in Suhl auf. Dort lernte er Forstarbeiter mit dem Ziel, Förster zu werden. Daraus sollte aber nichts werden. Vier Jahre diente er als Funkunteroffizier in der Armee. Durch Heirat mit seiner Frau Anita verschlug es ihn 1959 nach Bad Langensalza. Von 1961 bis 1964 studierte er Pädagogik in Eisenach. Ein dortiger Dozent und das Auffinden der „Graeserschen Medaille von 1867" brachten ihn zur „Heimatforschung als Vision". Das prägte seitdem seinen Lebensweg. Von Nordfrid Zänglein entwickelte Dia-Reihen und Hefte zur Heimatkunde überzeugten und fielen auf. Für seine Leistungen wurde er bald Oberlehrer. Ab 1975 (bis 1990) arbeitete er im Bad Langensalzaer „Pionierhaus" und war für die „Jungen Touristen" verantwortlich. Dabei erzog er hunderte Kinder zur „Heimatliebe durch Tourismus in der Umgebung." Von 1968 bis 1983 schlichtete er als Vorsitzender der Schiedskommission III beim Amtsgericht Bad Langensalza über 2000 Streitfälle mit. Von 1971 bis 1985 wirkte er „mit Anita" als Bänkelsänger im Langensalzaer Carnevalsclub. Ab 1980 machte er durch DIA-Vorträge Bad Langensalza bekannt. Seit 1985 sorgte er für die Erhaltung der Denkmale der Schlacht bei Langensalza und veröffentlichte 1991 das Buch „Zeitstudie der Erstellung und Erhaltung der Denkmale der Schlacht bei Langensalza am 27. Juni 1866". 1987 und 1994 gab er jeweils ein Kartenspiel „Wanderwege in Bad Langensalza" heraus und 1998 das Faltblatt „Mauerwanderung in Bad Langensalza". 1993 setzte er sich für die Gründung des Fremdenverkehrsvereins „Unstrut-Hainich Bad Langensalza e.V" ein, deren Vorsitzender er bis zu seinem Tode war. 1993 gründete er mit Ursula Tröstrum aus Sömmerda und Manfred Kirchner aus Arnstadt den Regionalen Fremdenverkehrsverband „Thüringer Kernland". Von 1991 bis 1994 schuf er das Kreiswappen des bald 500-jährigen Kreises Bad Langensalza. Zahlreiche Projekte hatte Nordfrid Zänglein begonnen. Sein Buch über den „Fliegerhorst Langensalza", 1993 angefangen, sollte im November 1999 zusammen mit dem Verlag Rockstuhl

erscheinen. Durch den für uns alle plötzlichen Tod des unermüdlichen Nordfrids im Februar 1999 wurde dieses Projekt leider nicht vollendet. Als Vermächtnis und als Erinnerung an ihn, soll Ende 2005 das Buch über den Fliegerhorst Langensalza als sein Lebenswerk durch seine Frau vollendet werden."
(Harald Rockstuhl)

Zeumer, Christian
Tuchmacher, Großkaufmann
geboren am 25.03.1626 in Langensalza
gestorben am 04.09.1696 in Langensalza
Sohn des Kauf- und Handelsmann Paul Zeumer. Er erlernte nach dem Besuch der Lateinschule das Tuchmacherhandwerk. 1653 erlangte er das Meisterrecht und führte in Langensalza die Produktion des Raschgewebes ein. 1668 Ernennung zum Mitglied des Stadtrates. Er erweckte die Industrie von Langensalza nach dem 30-jährigem Krieg wieder zum Leben. Ein Bild von ihm befindet sich im Friederikenschlößchen in Bad Langensalza.
(Quelle; Stadtarchiv, Gisela Münch, MA 13.04.1996; Persönlichkeiten Nr. 194)

Zimmermann, Herrmann Dr. phil. Dr. Ing. e. h.
Techniker, Dr. der Philosophie, Ing. für Bauwesen, Maschinenbau
geboren am 17.12.1845 in Langensalza
gestorben am 03.04.1935 unbekannt
Er war der Sohn des Arztes Dr. med. Hermann Zimmermann. Seine Schulzeit absolvierte er in Mühlhausen am Gymnasium. Später wählte er dann den Beruf eines Seemanns. In Karlsruhe studierte er Bauwesen- und Maschinbau. Sein Studium wurde durch die Kriegsjahre 1870/71 unterbrochen. In Leipzig bestand er 1874 die Prüfung als Doktor der Philosophie und beendete 1875 in Karlsruhe sein Studium als Diplom-Ingenieur. Er wandte sich dem Baufach zu und entwarf die Drehkuppel für die Universitätssternwarte in Straßburg/Elsaß. 10 Jahre arbeitete er in Berlin beim Reichsamt für Eisenbahnen, verfasste hier wissenschaftliche Werke, in denen er sich mit dem Eisenbahn-Oberbau beschäftigte sowie mit Schwingungen von Trägern mit bewegten Lasten. Es folgten Arbeiten für die Konstruktion der Kuppel vom früheren Reichstagsgebäude. 1891 wurde er im Preußischen Ministerium Geheimer Oberbaurat. Im Jahre 1905 erlangte er den Titel „Wirklicher Geheimer Oberbaurat". Zimmermann war Mitglied der Preußischen Akademie der Wissenschaft, Mitglied im Berliner Verein für Luftfahrt und beschäftigte sich mit dem Ballonbau. Er stand Graf Zeppelin als Mitfahrer und Ratgeber zur Seite. Er war auch tätig beim Bau des Reichsgerichtsgebäudes in Leipzig und entwarf eine Konstruktion zum Bau der Kuppel für das Rathaus in Hannover. Im Jahre 1924 wurde ihm die Grashof-Gedenkmünze verliehen, die höchste Auszeichnung der deutschen Technik. Er war neben C. Bach, der gleich ihm Inhaber der Grashof-Gedenkmünze ist, einer der hervorragendsten Schüler von Grashof. Von den zahlreichen übrigen wissenschaftlichen Arbeiten sind auch Veröffentlichungen über die Schwingungen eines Trägers mit beweglicher Last über Raumfachwerke und über die Knickfestigkeit gegliederter Stäbe erwähnt.
(Quelle: Stadtarchiv, Persönlichkeiten Nr. 191; Tageszeitung, Bericht von Gisela Münch)

Ehrenbürger der Stadt Langensalza

Oberst **Ernst Gottfried Konrad v. Müller**	30.05.1823
Prof. Dr. **Christoph Wilhelm Hufeland**	24.07.1833
Major **Karl Sebastian Alexander v. Johnston**	29.12.1846
Major und Kommandeur des 8. Kür-Regiments **Freiherr v. Unruhe-Bomst**	21.07.1848
Konsistorialpräsident - Prof. Dr. jur. **Karl Friedr. Göschel**	07.10.1860
Advokat **Ludwig Theod. Gutbier** in Dresden	15.07.1867
Kreisgerichtsrat **Bernh. Friedr. Franke**	20.04.1869
Justizrat Rechtsanwalt und Notar **Joh. Andr. Werner**	12.06.1879
Geh. Oberreg.-Rat und vortragender Rat im Ministerium **Dr. Hermann Bonitz**	01.04.1886
Reichskanzler **Fürst Otto v. Bismark-Schönhausen,** Herzog zu Lauenburg	01.04.1895
Friedrich Hahn in Wiesbaden	24.02.1906
Stadtrat, Stadtältester **Gustav Höpel**	04.01.1912
Stadtarchivar, **Hermann Gutbier**	01.10.1912
Generalfeldmarschall **Paul v. Beneckendorff** **und von Hindenburg**	02.10.1917
Erster Bürgermeister i. R. **Oskar Wiebeck**	30.10.1925
Reichskanzler **Adolf Hitler**	29.03.1933 (aberkannt am 04.06.1945)
Generalleutnant Ulrich Kleemann (Eichenlaubträger) *(Laut damaligen Recht durfte Kleemann diese Auszeichnung nicht annehmen. Der entsprechende Schriftverkehr ist im Stadtarchiv vorhanden.)*	11.01.1944
Rolf Matthäs (Bürgermeister)	1994

(Quelle: Stadtarchiv; Einwohnerbuch der Stadt Langensalza)

Bürgermeister der Stadt Langensalza von 1500 bis 2000

Name	*Jahr*
Fensterer, Dietrich	1516
Rost, Friedrich	1522
Stieler, Heinrich	1525
Höpfner, Georg	1536
Rost, Belt	1536
Aurbach, Ludwig	1546/1549/1552
Aurbach, Johann	1553
Gutbier, Johann	1555
Höpfner, Nikolaus	1555-1581
Rost, Debastian	1558
Zeumer, Kilian	1575
Poppe, Ludwig	1598-1604
Dr. Breithaupt	1611
Preger, Johannes	1616
Fischer, Johann	1658
Aurbach, Georg	1678
Richter, Gabriel	1683
Heydenreich, Zacharias, Rudolf	1711
Hahn, Johann Christoph	1727
Jüngling, Dr. Christian Ernst	1739/1741/1743/1745
Dr. Johann Christian Thilo	1740
Dr. Menz	1752

Hahn, Dr. Ernst	1767
Reinhard, Friedrich Christian	1769
Moritz, Christoph Christian	1795
Keil, Johann Martin	1788
Keil, Johann Martin	1815-1817
Tentzel, Wilhelm Christian	1817-1821
Kahlert, Friedrich Wilhelm	1821-1833
Conradi, Christian &	
Friedrich Traugott	1834-1846
Cramer, Karl Adol	1847-1875
Aderhold, Karl Heinrich	1876-1885
Wiebeck, Oskar	1886-1919
Tückhardt, Eduard Dr. Jur.	1919-1933
Kraushaar, Erich	1933-04.1945
Koch, Hermann	05.04.1945-20.04.1945
Reichmann, Kurt	18.05.1945-12.1945
Becker, Paul	12.1945-05.1950
Liehr, Kurt	05.1950-08.1959
Liehr, Erhard	08.1959-03.1963
Binternagel, Otto	03.1963-09.1967
Sickel, Heinz	09.1967-05.1974
Krieger, Horst	06.1974-06.1990
Matthäs, Rolf	07.1990-06.1994
Schönau, Bernhard	seit 07.1994

Literaturhinweise

Stadtarchiv Bad Langensalza

Persönlichkeiten, Personengeschichte,Familiengeschichte, Schulgeschichte, Langensalzaer Heimatbriefe 1975/1979, Beilage zum Langensalzaer Allgemeinen Anzeiger 1931
Heimatschutz Heft 6 Juli 1928,
Archivbücherei G 104: August Baron von Berlepsch, Die Biene und die Bienenzucht in honigarmen Gegenden nach dem gegenwärtigen Standpunkt der Theorie und Praxis; Langensalza Heimatblätter 1908/1939/1909
Langensalzaer Kreisblatt 1884
Langensalzaer Tageblatt 15. August 1928
Kreis Langensalzaer Zeitung vom 28.01.1942
I. Simsa; Für Stadt und Land, Heimatbeilage zum Langensalzaer Tageblatt Sept. 1933
Archivbücherei, Nr. 26
Rosendorf Ufhoven; Dorfbuch 2. Band von Paul Hesse, BLW 26/92
Das Volk vom 21.3.1953 - Hermann Fiedler
Heimatblätter Altes und Neues aus den Thüringer Landen 1912
Lebensbeschreibungen des Chronisten Hermann Schütz - Mitteldeutsche Allgemeine vom 13.10.1993, 28.10.1993, 04.05.1995, 19.03.1995, 02.04.1995, 30.04.1995
Langensalzaer Wochenblatt vom 13. November 1991
Verwaltungsbericht von 1907,1910
Langensalzaer Bibliographie von Mittelschulrektor i. R. D.

Dietrich 1939,

Bad Langensalzaer Wochenblatt vom 13. November 1991
Für Stadt und Land - Heimatbeilage 19. Dez. 1931
Brigitte Buhlmann Pro-Mo GmbH; „Berühmte Bürger im Wandel der Zeiten"
Erinnerungsblatt zur Feier des 100jährigen Jubiläums der Firma „C. Graesers Wwe. & Sohn", Langensalza
Arno Trübenbach "Mein Leben und Werk",
Die Denkmäler der Marktkirche von 1931
Schroeter, Ernst: Die Münzen und Medaillen des Weißenfelder Herzoghauses, Ein Beitrag zur Geschichte des Herzoghauses Sachsen-Weißenfels und des Fürstentums Sachsen-Querfurt, 1. Teil (1909), Archivbücherei D 39 a, Das Erlöschen des Herzoghauses Sachsen-Weißenfels und der Hof der Herzoginwitwe Friederike zu Langensalza von Hermann Gutbier.
Wissenschaftliche Hausarbeit v. Weig, Stefan „Zur Freiheit aufgewacht!" Karl Schramm in der Rev. von 1848/49
Archiv D 640
Hermann Gutbier: Grabdenkmäler der Bergkirche zu Langensalza Baugeschichte, Häuserchronik Band 1-15
Forschungsbibliothek Gotha Erinnerungen aus dem Leben Christian Gotthilf Salzmanns von Johann Wilhelm Ausfeld

und der ältesten Tochter Salzmanns, Nekrolog der Teutschen für das neunzehnte Jahrhundert von Friedrich Schlichtegroll, Gotha, Justus Perthes, 1802
Pagel, J.: Biograhisches Lexikon hervoragender Ärzte des 19. Jahrhunderts, 1901; Wer ist's? Unsere Zeitgenossen Herausgeber Hermann A. L. Degener, 4. Ausgabe 1909)
Gothaisches Genealogisches Taschenbuch der Adeligen Häuser, Teil B, 31. Jahrgang, 1939; Langlotz, Kurt, Goethes Wirken in Westthüringen, Düsseldorf 1958;
Posse, Otto, Die Wettiner Genealogie des Gesamthauses Wettin
Ernestinischer und Albertinischer Linie mit Einschluß der regierenden Häuser von Großbritannien, Belgien, Portugal,
Belgien, Riemann Musik Lexikon A-K, L-Z
Netzwerk für Frauen e.V. Eisenach Wartburgland vom 2. April 1925: Klopstocks Fanny eine Eisenacherin von Dr. W. Greiner; Luginsland, Blätter für Heimatkunde, Wochenbeilage der "Eisenacher Zeitung" vom 10. März 1925: Eisenacher Dichterfreundin von Dr. W. Greiner)

Verlag Rockstuhl — „Der große Brand" von Fritz Heym und „Die Chronik der Stadt Bad Langensalza in Thüringen 786-2000"

Laeschke, Waltraud — Hermann Gutbier - Leben und Werk. Hrg.: Verein Förderer des Heimatmuseums Bad Langensalza. 1996

Gisela Münch — Historische Persönlichkeiten Skizzen zu ihrem Leben und Wirken in der Stadt Bad Langensalza. (= Schriftenreihe zur Geschichte und Kultur Bad Langensalza Heft 2) Bad Langensalza 1994

Hermann Schütz — Chronik von Langensalza

Kl. W. Slapnicar — Der Wilke, der später Palandt hieß

Dr. Berger, Hans — Rosen aus Bad Langensalza - Rosenanbau und Rosenzüchtung, Herausgegeben vom Verein Förderer des Heimatmuseums Bad Langensalza 1995 Johann Christian Wiegleb Apotheker - Wissenschaftler - Lehrer Hrg.: Förderer des Verein Förderer des Heimatmuseums Bad Langensalza 1995.

Internet. — www persönlichkeiten/hufeland.de

Günzel, Klaus — Romantikerschicksale,

Enzyklopädie — Encarta 97 und 99

Jahreskalender — Sparkasse Unstrut-Hanich

Energieversorgung — Bad Langensalza; Mit Energie für Bad Langensalza 100 Jahre Stromversorgung

Urania-Kalendarium zur Geschichte der Natur- und Fachwissenschaften 1987

Nackter Reiter — KurstadtMAGAZIN, Dezember 2000, „Der Marschkönig, Sohn Thamsbrücks" von Gerd Ewert

Günzel, Klaus, — Die Brenatanos; Romantikerschicksale

Schultz, Hartwig — Clemens Brentano, Des Knaben Wunderhorn

Stadtbibliothek Bad Langensalza — Brentano und Arnim Werke in einem Band
Herbert Uerlings Novalis (Friedrich Hardenberg)

Staatliche Vogelschutzwarte Seebach